文春文庫

悪魔の勉強術

年収一千万稼ぐ大人になるために

佐藤 優

文藝春秋

まえがき

学知（学問）は現実に役に立たなくては意味を持たないというのが私の基本認識だ。外務省で国際情報局の主任分析官をつとめていたときに、私は、「モサド」（イスラエル諜報特務庁）、ＳＶＲ（ロシア対外諜報庁）の幹部と仕事をすることが多かったが、この人たちから「日本政府は機微に触れる情報をたくさん持っているのに何でそれを活用しないのだ。報告書を作成して、ファイルを厚くすることが目的のようだ。情報収集自体が自己目的化している」とよく批判された。確かに日本政府の情報収集には、外務省であれ、内閣情報調査室であれ、警察庁警備局（いわゆる公安警察）であれ、そのような傾向がある。もっとも「モサド」やＳＶＲの人たちから、「でも、佐藤さんは違うね。持っている情報を最大限に活用している。どうして他の日本政府の情報担当官とあなたは体質が違うのか」ということを何回か尋ねられた。当時は、収集した情報を北方領土返還にどう生かすかで頭がいっぱいだったので、私の情報文化が他の日本人と変わっているということについては、特に考えなかった。

その後、鈴木宗男事件に連座し、二〇〇二年五月十四日に東京地方検察庁特別捜査部に逮捕され、東京拘置所の独房に五百十二日間勾留されるという得がたい経験をした。この事件に巻き込まれたので、外交現場からは離れることを余儀なくされた（ただし、無罪を主張し争ったので、最高裁判所で判決が確定する〇九年六月三十日までは、起訴休職外務事務官という異例の立場で外務省に籍を置くことになった）。

〇五年三月にこの事件の内幕を綴った『国家の罠――外務省のラスプーチンと呼ばれて』（新潮社）を上梓して、私は作家として第二の人生を始めることになった。そのとき自分の過去を顧みて、強い影響を受けたのが同志社大学神学部と大学院で学んだプロテスタント神学であるということを再認識した。キリスト教は、信仰者の人格全体に及ばなくてはならない。あの世（彼岸）だけに救いを求めるような宗教はキリスト教ではない。私たちが現実に生きているこの世界（此岸）の問題を解決できないようなキリスト教はほんものではない。なぜなら、神は全能者、絶対者として自己満足するのではなく、自らのひとり子であるイエス・キリストを、人間を救うためにこの世界の最も悲惨な深淵に送ったからだ。それだから、キリスト教徒は、理念や理想をこの世の現実に生かすような生き方を貫かなくてはならない。私は外務省で情報（インテリジェンス）業務に従事していたときも、外務省が得た情報を現実の外交に活用するために全力を尽くした。この情報が、外務省の上司にとっては不都合なことがあっても、私は情報を活かすことを重視した。そのために敵をつくることもあったが、職業的良心に照らして、やむを得ないと考えていた。このような考えは、職業作家になった現在も変化していない。

本書は、二〇一六年六月〜八月、京都の同志社大学神学部の特別講義の記録をもとにつくられた。現在、神学部生の九割強がキリスト教の洗礼を受けていない。しかし、洗礼は受けていなくてもキリスト教の教義、人間観、さらにこの宗教が現実の世界に及ぼす影響に関心を持っている学生は多い。このような学生が、社会に出て神学部で学んだことを活かすことができるようになることを念頭に置いて講義を行った。キリスト教は、すべての人間が原罪を持つと考える。罪から悪が生まれる。悪が人格的に体現されると悪魔になる。この世には、悪魔があちこちにいるというのがキリスト教の人間観なのである。悪と対決するためには悪について知らなくてはならない。このような私の問題意識を受講生たちは正面から受け止めてくれた。
本書を上梓するにあたっては、文藝春秋社の飯窪成幸氏、船山幹雄氏、島津久典氏にたいへんお世話になりました。どうもありがとうございます。

二〇一七年一月二十八日、京都修学院にて

佐藤優

悪魔の勉強術◉目次

第1講 天国か地獄か

第2講　天使のように貪欲に

第3講

悪魔のように勤勉に

第4講

復活の日に向けて

悪魔の勉強術

年収一千万稼ぐ大人になるために

第 1 講

2016.6.18

天国か地獄か

＊役立つ神学こそ教養の原点

佐藤　こんにちは、佐藤優です。今日から四回、集中講義をやります。毎回五時間の長丁場ですが、皆さん頑張りましょう。

今回の講義では、神学部の学生が対象なので、キリスト教神学の話をしますが、それは専門知識をレクチャーするだけではない、ということをまず最初に分かっておいてほしいと思います。

世間一般の理解だと、「キリスト教について学ぶのは、キリスト教徒の人だけで十分」「聖書を読むことが何の役に立つのか」と考えている人も多いかもしれません。でも、その認識は間違っています。大学の学部でいえば、法学部や経済学部、さらには理系の工学部など、実学系の学問の方が社会に出てから役に立つと思われがちです。しかしその一方で、「グローバル化が進み、より専門性が深化したこれからの社会では、知識や技術のバックグラウンドとしての教養が求められる」という声もよく聞かれますね。

そうした時代においては、じつは神学部での学びは、非常に重要なのです。たしかに神学部は、同志社ならば日本基督教団の認可神学校なのでプロテスタント教会の牧師養成という役割も担いますが、それ以外の仕事にも役立つことは間違いありません。西洋では神学部がないと総合大学と認められません。大学教員のような研究者はもちろんのこと、一般企業のビジネスパーソンや教員、公務員、弁護士、会計士、さらには医者まで、これからの社会では宗教に対する知識と理解が求められるのです。

やや刺激的かつ俗物的にいえば、年収一〇〇〇万円を稼げる大人になるための知力を身につけるための授業です。

したがってこの講義では、そうしたことを念頭に置きながら、就活、資格試験や外国語の勉強の仕方など、社会の実践の場で「役立つ。そして稼げる」知識と教養のあり方を、一緒に考えながら進めていきたいと思います。

＊型を身につけることは重要だ

佐藤　では神学部らしく授業を始めます。さいきんは見かけなくなりましたが、今回の講義は、最初にまず「お祈り」と「讃美歌」を、そして最後には再び「お祈り」をします。本来、神学部の講義はこのスタイルが主流でした。

キリスト教には教派の違いがありますが、共通して唱えられているのが「主の祈り」です。この「主の祈り」は、キリスト教徒がどういうものの見方、考え方をしているか、キリスト教の基本的なドクトリンは何かを知る上で恰好のテキストになりますので、みんなで唱和してみましょう。

学生　「天の父よ　み名があがめられますように。み国が来ますように。みこころが天で行われるように　地上でも行われますように。わたしたちに今日も　この日のかてをお与え下さい。わたしたちに罪を犯した者を　ゆるしましたから、わたしたちの犯した罪を　おゆるし下さい。わたしたちを誘惑から導き出して　悪からお救い下さい。み国も力も栄光も　とこしえにあなたのものだからです。アーメン」

佐藤　いまの訳文は、日本キリスト教協議会が、各教派共通のテキストとして作ったものです。

キリスト教は長い歴史の中でいくつもの教派に分かれましたが、これの再一致を目指そうという運動が二十世紀初頭に始まりました。エキュメニカル運動です。エキュメニカルとは、「家」や「人が住む場所」を意味するギリシャ語のオイクメネを語源とするように、教派の対立や違いを乗り越えて一致しようとする運動です。

ちなみに、この教室の学生で、クリスチャンの人はいますか？

学生　（二十人のうち、手が挙がったのは数名）

佐藤　いま挙手した人以外は、キリスト教とはこれまであまり接点がなかった人ですね。いま「主の祈り」を読んでもらったからといって、キリスト教徒になることを勧めているのではありませんから、そこは誤解しないでね。この短いメッセージに、キリスト教を理解するためのエッセンスが含まれているから読んでもらったまでです。

もう一つ、「信仰告白」もみんなで読んでみましょう。各々の信仰に危機が生じたとき、キリスト教本来の考え方とは何なのかを、みんなで告白していくのですが、プロテスタントでは教派ごとに文書を持っているところが多くあります。

いま配付した文書は、日本基督教団の「信仰告白」です。

学生　「日本基督教団　信仰告白

我らは信じかつ告白す。

旧新約聖書は、神の霊感によりて成り、キリストを証（あかし）し、福音（ふくいん）の真理を示し、教会の拠（よ）るべき唯一（ゆゐいつ）の正典なり。されば聖書は聖霊によりて、神につき、救ひにつきて、全き知識を我らに与ふる神の言（ことば）にして、信仰と生活との誤りなき規範なり。

主イエス・キリストによりて啓示せられ、聖書において証せらるる唯一の神は、父・子・聖霊なる、三位一体（さんみいったい）の神にていましたまふ。御子（みこ）は我ら罪人（つみびと）の救ひのために人と成り、十字架にかかり、ひとたび己（おのれ）を全き犠牲（いけにへ）として神にささげ、我らの贖（あがな）ひとなりたまへり。

神は恵みをもて我らを選び、ただキリストを信ずる信仰により、我らの罪を赦（ゆる）して義としたまふ。この変らざる恵みのうちに、聖霊は我らを潔めて義の果（み）を結ばしめ、その御業（みわざ）を成就（じゃうじゅ）したまふ。

教会は主キリストの体（からだ）にして、恵みにより召されたる者の集（つど）

ひなり。教会は公（おほやけ）の礼拝（れいはい）を守り、福音を正しく宣（の）べ伝へ、バプテスマと主の晩餐（ばんさん）との聖礼典を執（と）り行ひ、愛のわざに励みつつ、主の再び来りたまふを待ち望む。

我らはかく信じ、代々（よよ）の聖徒と共に、使徒信条を告白す。

我は天地の造り主（ぬし）、全能の父なる神を信ず。我はその独（ひと）り子（ご）、我らの主、イエス・キリストを信ず。主は聖霊によりてやどり、処女（をとめ）マリヤより生れ、ポンテオ・ピラトのもとに苦しみを受け、十字架につけられ、死にて葬られ、陰府（よみ）にくだり、三日目に死人のうちよりよみがへり、天に昇（のぼ）り、全能の父なる神の右に坐（ざ）したまへり、かしこより来りて、生ける者と死ねる者とを審（さば）きたまはん。我は聖霊を信ず、聖なる公同の教会、聖徒の交はり、罪の赦し、身体（からだ）のよみがへり、永遠（とこしへ）の生命（いのち）を信ず。

アーメン。」

佐藤　先程も述べましたが、ここ同志社大学神学部は総合大学の一学部であると同時に、日本最大のプロテスタント教会・日本基督教団の認可神学校でもあります。プロテスタント系の教会と一口に言っても、教派によって特徴は異なります。メソジスト派の教会は、規律が厳しい。日本キリスト教会は、長老教会と評されるように、近代議会制度よろしく議会での決議がすべてを拘束するんですね。その点、同志社系の組合教会（会衆派教会）は、まず個別の教会ありきで、組織的な上下の構造もありません。いうなれば自由であり、傍目からは型破りとさえ見えることもあります。

縁あって同志社神学部で学ぶことになった皆さんには、ぜひ型破りな存在になってほしい。自由な発想や思考ができる人間になってもらいたい。そのためにも、まずは型を覚えて、会得すること。その上で、型を破れば、単なる滅茶苦茶な人間とは違った、個性が発揮できるのです。

先ほどの「主の祈り」や「信仰告白」、そしてこれから歌う「讃美歌」も型の一つです。この講義を通じて型とは何かを直観的に知ってもらうためにも、授業を始める際にはこの三つからスタートします。

じゃあまず同志社的な型で讃美歌の２３４のAというのがあります。これは神学部に入ってから何回も歌ったことがあると思うけど、どうですか。

学生　あまり最近は歌わないです。

佐藤　これは伝統的には同志社の神学部の学部歌みたいになっているんです。

ちょっと歌いましょう。

「1. 昔主イエスの　播《ま》きたまいし　いとも小さき　生命《いのち》のたね、芽生え育ちて

地のはてまで、その枝を張る　樹とはなりぬ。

2. 歴史のながれ　旧《ふる》きものを　返らぬ過去へ　押しやる間に、主イエスの建て

し　愛の国は　民よりたみへ　ひろがりゆく。

3. 時代の風は　吹きたけりて、思想の波は　あいうてども、すべての物を　超

えてすすむ　主イエスの国は　永久《とわ》に栄えん。

4. 父なる神よ、み名によりて　世界の民を　ひとつとなし、地をばあまねく

み国とする　みちかいをとく　はたしたまえ。」

それではお祈りしましょう。

「天にましますわれらの神様、今日はこの場に神学部の若き兄弟姉妹たちを集めてくださり、大変に感謝します。これからわれわれは同志社の伝統に則した形でのキリスト教についての考え方を勉強したいと思います。どうぞ聖霊のお力により、この勉強が順調に進むように、このひと言の感謝と願いを、われらの貴き主イエス・キリストのみ名を通して、み前にお捧げします。アーメン」

さあ、始めましょう。

＊コミュニケーション力としての聖霊

佐藤　まず最初に、神学的な問いかけをします。神学部の授業が他の学部と決定的に違う点って、何だと思う？

学生　…………。

佐藤　ちょっと抽象的すぎたかな。たとえば、この教室には教師としての私と、学生としての皆さん二十人が集っていますね。皆さんは、この授業を選んで受講し、今日ここに自発的な意思で足を運んだと思っているはずですが、それは人間の主観的な判断にすぎない、ということを考えて欲しいんです。二十人の学生諸君がここに集ったのは、「聖霊」の力によって導かれ、護られている、ということです。このこと自体が今後どんな影響をもたらすかは皆さんも私も、つまり人間は知りえないけれども、神はわかっているのです。

この「聖霊」の感覚がわかるようになると、キリスト教の理解が進むようになってきます。

私にとってのこの感覚は、沖縄における「セジ」という民族的な霊力のようなものと非常に似ています。沖縄は日本本土の『古事記』『日本書紀』の歴史文化を共有していません。その代わりに独自の琉球歌謡『おもろそうし』というのがあって、その中にしょっちゅう出てくるのが「セジ」なんです。

たとえば、セジがつくと、どうなるか？　ナイフだったら、良く切れる。レスラーだったら、力が特に強くなる。学者だったら、頭の回転が非常に速くなる。それから政治家だと、セジがつくとカリスマ性がつく……。このセジがつくということによって、人間の力というのは、ある一定の期間、非常に強くなるという発想がある。

聖霊の感覚というのは、それに通じるものがあって、たとえば沖縄に行って聖霊の話をすると、「あ、セジの感覚ね」って、皮膚感覚で理解できるんです。

互いに打ち解けられずに友だちじゃないと思っていた人と、あるときスッと心を開くことができてコミュニケーションができるようになる。あるいは親子間でも、わだかまりがあったのが、フッと和解できるようになる。あるいは、恋愛なんかでも、この人と一緒にやっていこうと思って、結婚に踏み切るときの、その心をフッと開いていくような力があるわけなんだ。

私は聖霊とは何かを考えるときに、こうしたイメージをつかんでいます。理解できなかったことが、ふとしたきっかけで解消される、一種のコミュニケーション力と言ってもよいかもしれません。そしてこの感覚はこれから皆さんが人生を生きていく上で大事なものとなるでしょう。

＊推理小説の読み解きを

佐藤　キリスト教を考えるうえで基本のテキストである「聖書」、これだって二十一世紀のいま読んでいると、お伽噺《とぎばなし》のように感じることがありますね。そのこと自体は、何も不思議なことではありません。現代人の皮膚感覚からは相当外れた、全然違う時代の話に読めてしまう。それは、世界像が違うからです。たとえば、神の使いとして登場する「天使」という存在、これは現代的に言えば「知恵」とする方がわかりやすい。

さっき読んだ「主の祈り」にしても、私が学生の頃には「天にまします我らの神よ」と始めていました。これだって、地球は平らで、地の果てには滝が落ちている、という宇宙像を持っていた時代に築かれた「天」のイメージですね。地球が球体であるという近代以降の常識だけで聖書を読もうとすると、地球上の人類に共通する

「天」などありえないし、そうなると唯一の「神」はいったいどこに存在するんだ、という根本矛盾が生じてしまいます。

その意味においては、神学というのは推理小説の読み解きと一緒なんです。過去の人びとが違う世界像で書いたものを、どうやってリアルに読んでいくかという読み直しをやっている。それは、キリスト教神学だけでなく、仏教やイスラム教でも一緒です。

時代ごとに、ものの見方の違いはいろいろある。たとえば日本でも俵屋宗達の「風神雷神図屏風」（建仁寺蔵、京都国立博物館寄託）では、風神は烈風を吹かせるし、雷神は雷を起こす様子が描かれている。昔は台風で風が吹いて雷が落ちると、雲上の風神が袋から風を出して、雷神が太鼓を敲《たた》いていると思われていた。現代では誰もそんなことを思わないけれど、当時はそう表象されていた。これを「生活の座」、ドイツ語で「Sitz im Leben」と評したのが二十世紀の神学者ルドルフ・ブルトマンでした。書かれた言葉だけを抽出して読み解くのではなく、描かれた時代やその背景にある具体的な様子から、世の中を見るという姿勢です。

そうすると、われわれが戴く現代の常識も、百年後のわれわれの子孫からしたら、理解不能なほど非常識なことなのかもしれない。

今われわれにとって命は何よりも重要な価値でしょう。でもわずか七十数年前の同志社神学部の先輩たちは、いつでも国のために命を捨てる覚悟があったよね。戦時中なら最前線に送られる可能性が非常に高く、死というのは扉の向こう側に歩みを進めるぐらいの感覚だったわけだ。

このように世界像の変化からは逃れられないし、こんごはそのスピードがさらに加速するでしょう。聖書が書かれた時代の世界像をそのまま信じることなど、どだい無理なのですが、その無理を通そうとしているのが、いわゆるキリスト教根本主義者（ファンダメンタリスト）です。これは十九世紀以降のむしろ近代的な現象です。

われわれプロテスタンティズムの伝統に立つアカデミックな神学を学ぶ者としては、論理や実証性を重視しないといけない。だから、空に神様がいるなんていう表象は維持できません。ガリレオ・ガリレイやコペルニクス以降の地動説を当然、前提とした上でキリスト教を考えています。ということは、キリスト教を考える際には、哲学はもちろん、自然科学の知識も重要になってくるのですね。

＊「理性」はレベルが低かった

佐藤　いま述べたように、中世的な世界像が崩れたきっかけは何かというと、ガリレオ・ガリレイやコペルニクスのような天才が忽然《こつぜん》と現れて宇宙像を劇的に変化させたからです。しかし、ここでもう一つ大切なことは、その結果、理性の重要性が大きくなったということです。

この理性、じつは中世まではレベルの低い、ものの考え方とされていました。「A＝B、B＝Cならば、A＝C」というのは理性の考え方だけど、これは論理を追えば誰でもできる。むしろ、あるものを見た瞬間に、これの本質は何だと見抜く直観が尊ばれていた。見るからにこの男はずるそうだ、悪意を持っていそうだとか、いい人そうだけど実は腹黒いんじゃないかとか（笑）……、直観によってこそ真実はつかまえられる、というものです。

われわれは「いただきます」とか「ごちそうさま」と言って両手を合わせますね。ではどっちの手が押しているほうで、どっちの手が押されているほうなの？　右とも左とも言えませんね。こういうのが、主体とか客体とかに分れる前の考え方というとになる。『維摩経《ゆいまきょう》』というお経を読むと、ロバが井戸を見ているということは、井戸がロバを見ているのと一緒であると書いてある。こういう考え方で、合理性とは別の形で真理を摑むという発想があるわけです。

それが、十八世紀半ばに、後に『純粋理性批判』を著すドイツのカントという哲学者が登場することで、主体が客体をどう認識していくかという近代的なモデルが生まれるのです。そこでの判断の基準は、もはや直観ではなく、理性です。そうすると、キリスト教理解の中でも、この理性を武器にしてイエスという男がどういう人だったのかを研究する方向へと考え方が変化していくのです。

＊イエスはいたのか、いなかったのか？

佐藤　さてそこで、「イエス・キリスト」というのはどういう意味か、分かるかな？

学生　キリストは、油を注がれた者？

佐藤　そうです。キリストはそういう意味ですね。さすがに、イエスが名前でキリストが苗字だと思う人はいないよな？　神学部の学生でそれじゃ、絶対にダメ。

イエスとは、日本の太郎や一郎のように一般的な名前で、一世紀のパレスチナでは、ごくごく普通にあった男の名前。キリストは、メシアのギリシャ語型で「油を注がれた者」を意味する言葉です。油を注がれるのは、王様と大祭司、あと救世主だけです。

だから「イエス・キリスト」というのは、「イエスという、紀元前七〜四年ぐらいに生まれて、三十歳のときに十字架につけられて処刑されたという男が救い主である」という信仰告白そのもの、イエス・キリストと呼ぶこと自体が信仰告白になる。

じゃあ、そのイエスというのはどういう者だったか。その人間像を、聖書などの文献を当たって、徹底的に調査、分析することが、近代以降、積極的に行われました。これを「史的イエスの探究」といいますが、十九世紀末に導き出された結論は、どうなったと思う?

学生　うーん……、わかりません。

佐藤　わかる人はいるかな?　この結論には、きっと驚くはずだ。

「一世紀にイエスという男がいたことは証明できない」

これが結論なんだ。ただし、もう一つ、

「一世紀にイエスという男がいなかったことも証明できない」

これは困った。キリスト教というのは、教祖がいたかどうか、よく分からない。けれども、一世紀の終わりから二世紀の初めに、「イエスがいて、その人間が救い主であり、復活した」と信じている集団があったことは、間違いない。そこまでは実証できている。

これを踏まえて、そこから神学をやる人間の考え方は二つに分かれてくる。

一つは、実証ができないなら、たぶんいなかったに違いない。だから現象としてのキリスト教、更に宗教一般を、無神論、唯物論の方向から、理性の言葉で分析していく考え方。実はこれが宗教学です。宗教学は本質的に無神論から発達しているので、信仰の有無は関係ないし、むしろ信仰を持つことは宗教を冷静な目で見ることを妨げるとして、否定的に捉えられています。

いっぽう、その対極にあるのが神学です。イエスが救い主であることがわかれば、それで十分。人間の理性が及ぶところにはそもそも限界がある。だから、救いの内容が何かを追求していく——こういう流れが、われわれ主流派の神学の源泉なわけです。

このように、宗教学と神学には常にせめぎ合いがある。神学部という同じ看板を掲げていても、アメリカのハーバード大学神学部などは、様々な宗教をフラットに研究する方向性で、比較宗教学や一神論研究などの考え方が出てきていて、完全に宗教学部の様相を呈しています。

それに対して、ヨーロッパ、とくにドイツ系の各大学にはカトリック神学部とプロテスタント神学部があって、神父、牧師を養成していくのが第一義的な目的になっている。

ちなみにドイツの場合、神学部は超難関学部です。法学部や医学部より神学部のほうが難しい。神学部を卒業すると、牧師も神父も国家公務員だから、いい給与が保証されるとともに、各州の議員や教育大臣になる者も非常に多い。ドイツのガウク大統領は自身がルター派の牧師だし、メルケル首相も牧師の娘です。このように、ドイツにおいては神学部出身者のステイタスはすごく高いのです。

＊究極の不老不死の方法とは

佐藤　ではここで、近代科学の成り立ちについて考えてみることで、近代が中世以前とどう連続して、どう断絶しているのかを考えてみます。

近代科学の構成要素をものすごく簡略化してしまうと、それは「観察」と「実験」の二つの要素になります。

まず、物事の「観察」を通じて真理を探求するという手法をとったのは、なぜか古代ギリシャ人だけでした。

「万学の祖」と称されるアリストテレス。哲学、倫理学の数々の著作は岩波文庫で今も読めるし、たいていの大学図書館ならば全集が揃っているはずです。『形而上学』とか『ニコマコス倫理学』とか、読んだことはなくても題名くらいは耳にしたことがあるはずですね。

　このアリストテレスの著作には『小品集』というのがあって、これは分類できないような変な著作を集めたものです。たとえばアリストテレスは小便と大便の観察にすごく関心を持った。なぜ大便は時間が経つと臭いが薄れるのに、小便はますます臭くなるのかという研究も、まじめにやっている。あるいは、スケベな男はなぜ禿げるのかという研究をやっている。アリストテレスが思いついた結論は、好色な人間は頭の中に好色者の液体が入っているということ。加齢とともに頭蓋骨が少しずつ開いてきて、その水が滲みだしてくる。それが髪に悪いから禿げるのだ。自分が観察した限り、禿げているやつは間違いなくスケベであるから、これが結論だ、と。これがアリストテレスの研究なんだよね（笑）。ただし、これらはいずれも、「観察」だけから導き出されたものです。

　皆さん笑っていますが、現在だって科学の名の下に似たようなことをやっています。少し前のことだけど、小保方晴子さんのSTAP細胞の話を覚えているかな。新たな万能細胞が発見されたという報告に科学界だけでなく、世間が騒然としましたが、研究手続き等に様々な不備が指摘されて、最終的にはその発見報告自体が取り下げられましたね。小保方さんは「STAP細胞はあります！」と記者会見でも言っていたけれども、国内外の科学者たちの見解はインチキだということになった。

ではなぜ、こんな誤った報告がなされてしまったのか？　しかも彼女がいたのは理化学研究所です。日本の超エリート研究者が周囲にいながら、なぜ大騒動にまで発展してしまったのか。この場合に参考になるのが、中世の錬金術です。ちなみに錬金術は英語では何と言う？

学生　アルケミー（alchemy）。

佐藤　そうだね。化学のケミストリー（chemistry）と同根の言葉。アルというのはアラビア語の冠詞だね。ということは、アルケミーは変化《へんげ》の術、変化《へんか》させる術という意味だから、錬金術という訳語は適切ではない。卑金属を貴金属にすることだけがアルケミーではなくて、むしろ中世だとその究極の目的は「不老不死」を手に入れることになっていたわけだ。

映画や小説でおなじみの『ハリー・ポッター』がまさにそうで、賢者の石というのがあって、魔法を行うと言うけど、あそこで言っている魔法は錬金術のこと。錬金術を身につけると、不老不死が得られる。

中世という時代は、古代における観察のようなナンセンスなことには関心がなかったし、中世の人間は救済にしか関心が向かなかった。錬金術も、不老不死を得る技法の探究だったから、錬金術師は必ず研究室を持っていたし、フラスコとかビーカーを使った近代的な実験も錬金術の延長線上にあると考えていい。

この錬金術が成功したという例が何千件も残っているけれども、卑金属が貴金属に変わることなど科学的に絶対にないわけでしょ。となると、錬金術というのは、実際には手品と一緒なのです。

でも人はなぜそれを信じてしまうのか。このことを本格的に研究したのが、カール・ユングという心理学者でした。

錬金術というのは、対象、すなわち卑金属が貴金属に変わるんじゃない。錬金術師が研究室にいる人たちの合理的な理性の世界だけでなく深層心理まで支配して、黒いものでも白いと思わせて人の魂を支配できるようになった瞬間に錬金術は完成するんだ――『心理学と錬金術』という大著で、ユングはこう述べています。

とすると、小保方さんには錬金術師としての才能があったわけだよね。

　でもこういうことは科学の宿命です。湯川秀樹博士が中間子の理論を発表したけど、あれも発表時には仮説であって、証明されたのは五十年後でした。四色問題という、四色あれば地図は全部塗り分けられるということをどう証明するかというのも、すごく難しい問題だった。それが四十年前に大型コンピュータを使って初めて証明できた。その意味においては、ノーベル賞級の発見というのはだいたい仮説だけなんです。実証なんかされていない。STAP細胞も本当にできるんじゃないかとみんな信じた。つまり、錬金術的な近代以前の発想は現代の科学の中のあちこちに忍び込んでいるわけです。

　そうすると、もし『心理学と錬金術』をきちんと読んで、そういう危険があるということを事前に知っていれば、「あれ？　この話は挙証がきちんとされているのかな。どこか見落としているところがないかな」と気づくはずです。そこに気づくかどうかが大事なポイントなんだ。

　ちなみに、日本におけるユング研究というと、京都大学教授で文化庁長官も務めた河合隼雄さんが有名ですが、河合さんとほぼ同時期にスイスのユング研究所に渡って臨床心理士として夢の分析を研究したのが、同志社大学神学部の樋口和彦先生でした。われらの神学部は、その後、実際にメンタルに問題のある人の魂をどう救済するかという実践活動に力を入れて行なってきた。臨床で多くの人たちを診て箱庭療法とかをやったのが、その樋口先生です。

実践神学の一つである牧会学では、病院に行って、不治の病を抱える患者と話をすることが、将来牧師になる人の訓練として課されていました。心身両面で、すごく大変な仕事であることは当然で、末期がんの人の傍に行って「お祈りしましょう」と言うと、ケッとばかり、「祈りも何も要らない。神も仏もない」と大暴れされたりすることもしょっちゅうです。そういういろんな経験に傷つきながら育って行くのが牧会臨床の現場ですが、ここでも樋口先生の教えを先駆的に取り入れていたのが、同志社大学神学部だったのです。

＊啓蒙主義から第一次世界大戦へ

佐藤　ここで近代とは何かをもう一度考えてみましょう。十九世紀は基本的に啓蒙主義の時代です。この啓蒙を何と言う？

学生　エンライトンメント（enlightenment）。

佐藤　そう。エンライトンメントのライトって何かな？

学生　ライトは光です。

佐藤　それに接頭語のエンを付して、火をつけるということ。真っ暗な部屋の中に一本ロウソクをつけるとほんのりと明るくなる。もう一本つけるともっと明るくなる……。そうやってロウソクの炎をどんどん増やしたら世の中が全部照らされて、森羅万象がわかるようになる、という考え方が啓蒙主義ですね。人間は理性を発展させれば、理想的な環境を作ることができる。社会に格差などの諸問題があっても、理性による説得と、経済を発展させ、生産力を増強し、科学技術を発展させれば、幸せな世の中をつくれる。

だからアルブレヒト・リッチュルという神学者は、キリスト教がやることは神の国をこの世につくることなんだ、神の国の準備がわれわれの仕事なんだ、それは近未来に可能なんだとまで喝破したのです。

ただ、そこで忘れていたことがある。光と影の問題ですね。真っ暗なところには光はないけど、影もない。でも光とともに影が出てくる。「光」を求めたことで表裏一体の影が顕在化してくるんです。

その結果、何が起きた?

学生　第一次世界大戦です。

佐藤　その通り。皆さん、一九三九年の第二次世界大戦を誘発したのは何か分かるかな？　この原因は比較的簡単で、アドルフ・ヒトラーが登場し、ナチス・ドイツが存在したからです。

では、一九一四年の第一次世界大戦はなぜ起きたのか？

学生　ヨーロッパの火薬庫といわれたバルカン半島？

佐藤　半分、正解かな（笑）。ここでは「原因不明」というのが正解だと思うんだ。

たしかに最初の引《ひ》き鉄《がね》は、オーストリアのフェルディナント皇太子夫妻がサラエボを訪れたときに、セルビアの民族主義者に殺害されたことにある。そもそも最初の爆弾は二人に向けて投げられたものの、当たらなかった。だからそのまま日程を変えなければ無事だったのだけど、負傷者の見舞いに病院へ行こうと、コース変更したために、病院へ行く途中にもう一人のテロリストと遭遇してしまい、その銃弾に斃《たお》れてしまったんですね。

当時の国際情勢をみれば、巨大帝国であるオーストリア・ハンガリーに対して、セルビアは半島の小国にすぎません。両国の国力の差は、比べるまでもない。こんな事件は一週間か二週間で片付くと、ヨーロッパ中が思ったはずです。ところが、事態は思惑通りにはなりませんでした。

まずセルビアの同盟国だったロシアが、自動的にセルビア側に加わった。そのロシアの同盟国であるフランスとイギリスも、セルビア側に加わった。それに対して、ドイツがオーストリア・ハンガリーの同盟国として参戦する。その結果、局所的なテロ事件であったものが、ヨーロッパ全体に波及する大戦争にまで拡大した。いまだに、あの程度のことが、どうしてあんな大戦争になったのかわかりません。しかも結局、勝ったのはセルビア側なんですから。

イギリスの歴史家にエリック・ホブズボームという人がいます。歴史家の中でもとくに傑出した才能の持ち主で、十八世紀から十九世紀までの近現代史の研究においては世界的な権威です。この人は『20世紀の歴史』（三省堂）という本のなかで、十九世紀を定義しているのですが、それが面白い。十九世紀は産業の時代であり、理性の時代だったと言っているんですね。しかも世紀というのは普通、百年単位で考えるけど、ホブズボームは十九世紀は百年より長く、一七八九年に始まると唱えているんです。この一七八九年が何の年かは、さすがに皆さん分かるよね。

学生　フランス革命です。

佐藤　そう。十九世紀は実質的には、フランス革命で始まり、第一次世界大戦の勃発直前で終わる。それに対して二十世紀は、一九一四年の第一次世界大戦の勃発で始まり、一九九一年の十二月で終わる、というのですね。二十世紀は百年に満たない、ミレニアムの二〇〇〇年よりも九年早く終わっているというのです。では、一九九一年十二月とは、何があった？

学生　うーん、わかりません。

佐藤　恐らく皆さんが生まれる少し前のことだけど、ソ連崩壊ですね。第一次世界大戦からソ連崩壊までが意味の上の二十世紀だと言っているんだけど、これは非常に説得力のある指摘です。

＊実学偏重教育にノーを突きつける

佐藤　ただし注意すべきことは、ホブズボームはロシアの共産主義体制が二十世紀の根源的な問題であると考えているのではないことです。一般に東西冷戦構造下で世界中が二分されたのは、共産主義体制が原因だといわれますが、ホブズボームは全く異なる指摘をしているのです。

それは、二十世紀が抱える根源的な問題は、ドイツ問題だと考えているのですね。

ドイツ人は勤勉で一所懸命働き、教育レベルも高い。しかし、後発の帝国主義国だったから、世界の植民地争奪戦にあまり食い込むことができなかった。それが遠因となって、二十世紀に混乱が生じ、その最終結果がソ連崩壊だった。それは相対的にドイツが勝利して終わったのだ――というのです。だから二十一世紀はドイツの時代になるというのが、ホブズボームの仮説なのです。

このように、二十世紀問題とドイツ問題は不可分の関係にあるのですが、ではドイツが強大化したのには理由があったのでしょうか？　そのカギを握るのが、十九世紀初頭に活躍したシュライエルマッハーという神学者です。

十九世紀の初めのヨーロッパは、ナポレオンのフランスが席巻していました。一八〇四年に皇帝となって第一帝政をしくと、ナポレオンは教会と対立の度を深めたように、神学部とか教会が大嫌いだった。そこで教育改革として、理系重視の改革を打ち出しました。その標的となったのが神学部で、廃止の瀬戸際に追い込まれたのです。ナポレオンによれば、全部の大学は工学部と理学部、医学部、それに法学部が少しだけあればよい、という極端な実学重視の考え方でした。

それに対して断固として反対の意を示したのがシュライエルマッハーでした。「ドイツにおける大学の改革について」という論文を発表して、人文科学のような、直接役に立たない学問こそが実は長期的には役に立つ。もしすぐに役立つ実学偏重に大学を転換したら、それは中世の職人教育みたいになり、総合的な知力がものすごく落ちる、と主張したのです。

ただドイツの大学に問題があったのも事実で、専門バカのタコツボ方式になっていて、哲学教師は生物学や物理学のことは全然知らない。これじゃあダメで、神学部の先生も理学部の先生も医学部の先生も、みんな哲学の授業をしよう。そうやって哲学を勉強すると同時に、自分たちがどういう研究をしているのか、他の分野の人にわかりやすく説明する。こういう教養を重視して、専門的に深くはなくていいから、お互いに何をやっているのかわかるような体制を構築しないと教育は強くならない——これがシュライエルマッハーの主張の骨子です。

この、フランスのナポレオンのやり方を踏襲したらドイツは弱体化する、という主張に対して、ドイツ国内では皇帝を筆頭に知識人たちもみんな支持した。それでドイツにおいては、フランス型の実学への教育改革は実現しませんでした。

いまでもドイツでは哲学部や医学部、法学部とかだけでは総合大学と名乗ることはできず、単科大学もしくは専門学校にすぎません。神学部があって初めて総合大学を名乗れるのです。近代以前の、目には見えないけれど確実に存在するものがあるという世界に通じるような、近代の実学から外れた虚学があって、知は初めてバランスが取れると考えたのです。

その結果どうなったかは、いまの国際情勢をみれば一目瞭然ですね。ドイツは十九世紀に大国になり、二十世紀の世界を混乱もさせたけど席巻して、二十一世紀において無視できない大国に登りつめた。

そこに貢献したシュライエルマッハーというのは、近代自由主義神学の父であるし、近代のロマン主義の父でもあるし、近代の教育学の父でもある。

それと同時にもう一つ、神様の居場所を天から「心の中」に転換した人でもあるのですね。ここで質問。心ってどこにあるか、図示できますか？　胸のなか？　頭のなか？

学生　…………？

佐藤　正面きって問いかけられると、わからないよね。でもおそらく心は、確実にある。目には見えないけど、確実にあるもの。その心に神様がいると考えることによって、神は「天」にいるとしていた考え方と訣別することが可能になり、地動説の宇宙像との矛盾も解消できたのです。

シュライエルマッハーは初期に著した『宗教論』という本の中で、宗教の本質は直観と感情であると言っていましたが、次第に考え方を発展させて、後期の『キリスト教信仰』という本の中では、宗教は絶対依存の感情であると言い切って、「直観」を切り捨てたのです。

感情というのは確かに心の中にあるでしょう。でも感情って、抑えられる？　あいつは気に食わないと思うのを、理性で抑え切ることは、意外と難しい。感情には外部性という、自分たちの手に負えない力がある。そのことを知るのは大切です。ただし、こうした観点で宗教を理解して行くと、心配な面が出てくる。それは、自分の感情と神様が一体化してしまう可能性があるわけ。自分の心理現象と神様が一体化してしまう。

そこで大事なのが、自己愛という問題になるのです。

＊自己愛を分析する武器としての神学

佐藤　キリスト教から少し横道に逸《そ》れますが、心理学の泰斗にジグムント・フロイトがいますね。精神分析の創始者として知られ、『夢判断』は今でも読まれています。

そのフロイトによれば、人間の合理性が進むほど、その分、光と闇でいえば闇の部分が出てきて、これがどこかでクラッシュを起こす――これがフロイトの考え方です。典型的なユダヤ教のカバラ思想の考え方であるわけだけど、われわれ神学を勉強した人間には、闇の部分を察知できる特殊な能力を会得できるというのです。この能力に関しては、必ずしもキリスト教徒にならなくても、訓練によってつく。そうすると単なる理屈だけじゃなく、トータルに人間を見ることができるのです。

さて、この自己愛を考えるために、今日は映画を見ます。日本の現代映画です。原作は芥川賞作家の本谷有希子さんの『腑抜けども、悲しみの愛を見せろ』（講談社文庫）という小説です。

この作品は、主人公が自分は特別でものすごい能力があると思っているけど、誰からも認知されない女性。見た目は美しいけれど、他に特段の能力はない。しかし自分は最高と思っている女性が起こして行く混乱の世界に陥っている――こういう自己愛をマネジメントできない人が引き起こす問題を見て行くことで、実はキリスト教的なセンス、神学的なセンスを磨くことができるのです。キリスト教を直接に扱わない映画や小説作品を通じても、問題意識さえあれば神学は諸問題をさばく怜悧なナイフになるのです。

そもそもキリスト教は、博愛主義ではありません。「あなたの隣人をあなた自身と同じように愛せ」、これを博愛主義とするのは、間違った解釈です。自己愛のない人は、他人を愛することができません。

自己愛をマネジメントできない人との付き合いを考える上で、われわれキリスト教徒は心理学の方向にも目を広げて行かないといけません。日本国内だと、関東では元々フロイト学派の影響が強く、このフロイトから派生したラカンも次第に影響力を増しています。ただフロイト学派の精神科医が臨床の現場に出ると、いろいろ言っても最後は「ちゃんと薬を飲んでくださいね」と投薬に委ねることになってしまう。基本的には脳内の分泌から出てくる問題だという結論だから、いかに薬を飲ませるかが問題で、カウンセリング療法とかはほとんど信用していないのですね。

現在の心理学の実践の現場では、ハインツ・コフートの自己愛心理学がよく使われています。一昔前はユング、少し下って一九八〇年代のポストモダン以降にはラカンの流行がありましたが、今や心理学の臨床の現場ではコフートの役割が非常に大きくなっている。それは時代との相性もあるのでしょうが、コフート心理学の特徴をひとことで言えば、「自己愛を肯定的に評価する」ということになります。そこでは自己愛のマネジメントがものすごく重要になるわけです。

日本へのラカン紹介者として、ポストモダン思想の中心的な役割を果たした斎藤環さんという精神科医とこの前話したときに、「いまや臨床現場ではコフートしか、使えないですよ」と言われてびっくりしたんです。「先生はラカニアンじゃないんですか」と聞いたら、「いや、それは学術的な発言であって、臨床においては全然ラカンなんか使えないですよ」として、こう言葉を継いだのが印象的でした。

「人間が千年生きているんだったら、ラカンでもなんとかなるかもしれないけれど、人間の寿命が百年程度だったら、フロイトやラカンが言っているような自己愛の解体なんかできません。だから、コフートのように自己愛を認めるところからスタートしないといけない」

この発言は人間の抱える宿命を孕《はら》んでいる大事な指摘ですね。人類は、やはりこの世での救済を求めているのです。

＊傷つきたくない自分という病

佐藤　この自己愛の問題を積極的に書きついでいる作家に柚木麻子さんがいます

が、読んだことはありますか？　面白い小説として一冊紹介するならば、『伊藤くんＡ to Ｅ』（幻冬舎文庫）という作品があります。伊藤くんという主人公の男の子は、親が千葉県の大地主の金持ちだから、そこそこの名門大学を出たあとも、きちんとした就職をしないで、予備校の講師をやっている、フリーターというか、昔の高等遊民くずれみたいな日常を送っているんですね。ただ、伊藤くんには「確信」があって、それは自分には物凄い才能があるので、将来は高名なシナリオライターになって、売れっ子になる、と思っている。おまけに結構ルックスもいいので、モテる。その伊藤くんとＡＢＣＤＥという五人の女性との関係を、順番に描いています。ところが実際には、伊藤くんは童貞で、自分の能力に関しても全然自信がない。シナリオに関しても、勉強会には参加しているくせに、実際には一つも書いていないんだ。

結局、五人の女性との関係もクラッシュの連続。あげく最後には、ついに爆発してしまいます。「勝つよりも、世の中にはずっと大事なことがあります。なんだと思います。誰もが見落としています。きっと、あなたには、わからないだろうな」と、シナリオライターとして成功している先輩の女性に言う。「誰からも傷つけられないということなんですよ」と。

〈ゆっくりと、一語一語区切るように彼は言った。自分が言っていることにかつてないほど確信を持っているらしく、瞳孔が開き切っている。
「テレビも映画も小説も『傷つくことを恐れるな』と言い続けているけど、それは強者主導のルールですよ。傷ついても平気な顔で生きていけるのは、恥をかいても起き上がれるのは、ごく限られた特殊な人種だけなんですよ。そのことに誰も気付かないから、不幸が起きるんです。大抵の人間が夢を叶えないまま死ぬのは、夢と引き換えにしてでも、自分を守りたいからですよ。楽しいより、充実感を得るより、金を稼ぐより、傷つけられない方が本当は重要なんですよ。僕もそうです。でも、他の人と違って、ちゃんとそれを認めているし、隠すつもりもないんです」〉
（『伊藤くんA to E』289頁）

いまのくだり、読んでみてどう感じたかな？　こんな感じの男、皆さんの周りにもいるんじゃないかな？

これは人間の自己愛とか、罪の構造を、非常によく表わしていると私は感じ入ったんですね。傷つくのが絶対に嫌だから、自分は土俵に上がらない。勝負しない。

悪いのは全部、周囲だと思う。そして周囲に対して攻撃的になっている。

一人ひとりの女性との関係においては、女性から追いかけられると逃げて、また逃げている人を追いかけて……といくつかのパターンがあるけど、伊藤くんは基本的にストーカー体質だよね。病んだ人の心理を的確に描いている。

ここで伊藤くんが抱えている「罪」は確かに現代ならではのものかもしれませんが、キリスト教が時代と共に変容していくように、人間が抱える罪も同様に変っていくものです。つまり罪という普遍的なものを、その時代ならではの様相として描き出すのが文学なんです。その意味で、この小説は現代における自己愛の実相をクリアに描き出しているのです。

この「伊藤くん」みたいな人は、大学や企業、役所にも居がちです。「俺、まだ実力を出してないんだよ。俺が本気で実力を出したら、こんなもんじゃないんだよ」と繰り返すばかりで、実際は周りで成功した人間の足を引っ張るとか、マイナスのことしかできないんだよね。

この柚木さんの小説では『ナイルパーチの女子会』（文藝春秋）もお薦めです。自己愛をこじらせている人間たちを描いている作品で、現役高校生が選ぶ「高校生直木賞」も受賞しました。小説を読むときには、ストーリーの面白さを実感するのもさることながら、その背景にあるテーマもぜひ読み取ってください。

【レポートの書き方……映画「腑抜けども、悲しみの愛を見せろ」を見て】

1．映画「腑抜けども、悲しみの愛を見せろ」を見た上で、澄伽（主人公）にどのようなアドバイスができるかというテーマについてレポートを記せ。

2．レポートの書き方に通じる、一般的な留意点を記しておきます。まず、レポートには、作成日を書く習慣をつけておいてください。これは、レポートだけでなく、どのような文書にも共通することですが、いつ作成した文書なのかの記録は極めて重要です。

3．第三者の視点に立って、理解可能かどうか、作成したレポートを読む習慣をつけてください。

4．今回のレポートで、中心的な課題となるのは、自己愛の前提となる人間の自己認識です。人間は単独で自己を認識することはできません。人間の認識は、間主観性（共同主観性）として現れます。この点については、少し難しいですが、廣松渉『世界の共同主観的存在構造』（講談社学術文庫、一九九一年）

を読むと、よくわかります。あるいは、フッサールの現象学が、この問題を扱っています。竹田青嗣『現象学入門』（NHKブックス、一九八九年）を読んでみるとよいでしょう。こちらの本はかなりわかりやすいです。

5．平たい言葉で言うと、澄伽は、他者を必要としない人なので、自己認識に大きな歪みが生じ、それを矯正することができないのです。自己愛性パーソナリティー障害にかなり近い状態です。従って、現実的なアドバイスとしては、精神科医の診察を受け、投薬やカウンセリング療法を受ける方向に誘導するということになります。

狩野力八郎（監修）『自己愛性パーソナリティ障害のことがよくわかる本（健康ライブラリーイラスト版）』（講談社、二〇〇七年）に目を通すと、この障害を持つ人の特徴がよくわかります。

6．皆さんが、社会に出てから、少し形態は異なっても、澄伽のような人と遭遇する可能性は十分にあります。そのときにこの講義で勉強したことが必ず役に立ちます。

7．レポートや論文の書き方の技術的な点については、以下の参考書を参照してください。澤田昭夫『論文の書き方』（講談社学術文庫、一九七七年）、小林康夫／船曳建夫編『知の技法——東京大学教養学部「基礎演習」テキスト』（東京大学出版会、一九九四年）（新版も出ていますが、こちらの旧版の方が出来がいいです）

＊数学力が身を助ける

佐藤　では、ここからは卒業後の進路や、将来の職業に関して、話をしていきます。

この教室の学生たちの進路を大きく分けると、次の三つに大別できると思うんですね。

第一が、民間企業への就職を希望する一般就職組。

第二が、公務員試験もしくは資格試験を受けようと思っている人たち。

第三が、牧師やキリスト教主義学校の聖書科の先生になる、あるいは大学院やその先に進んで、キリスト教関連の研究職に就きたいと思っている人たちのグループ。

これは神学部ならではの進路ですね。

最近では、大学三回生の秋くらいから就活が始まりますが、直前になって慌てて準備を始めても間に合わなかったり、就活スタート後に手遅れに気づいて後悔しても、それでは後の祭り。希望する進路が決まっているならば、適切な準備と勉強は必要です。

ただ、その前に、基礎学力としての「数学」「英語」そして「歴史」の三点の重要性について考えを改めてほしいのです。

まず「数学」についてです。

最近は一般就職組の学生が企業に出すエントリーシート（ES）の数が増えていますね。二十社、三十社は当たり前の時代です。

でも、これが本当に正しい就活のやり方なのか、そこから考え直してほしい。同志社大学神学部生の皆さんの場合、就職活動を自由にするためには、ESにこだわるよりも、SPI（総合適性検査）の準備を早くからしておいたほうが絶対にいい。

就活に関して表立っては誰も言いませんが、現実には「隠れた指定校制度」は未だに存在します。ESを一〇〇パーセントパスできるのは、たぶん東大と京大と東工大と一橋大、それと早稲田・慶応だけだと思う。それ以外の大学には何らかの関数がかかっていて、弾かれてしまう可能性がある。だから何か客観的な指標を持っていないと、売りにならない。そのセールスポイントとして重要なことの一つが、SPIに強くなっておくことです。

SPIでも大事になってくるのが実用数学技能検定（数検）です。この数検で、高校二年生、数Ⅱレベルの二級を持っていることが一番望ましい。

皆さんの場合、大学入試のときに「私立文系」受験だと、英語・国語・地歴公民の三教科だけで、高校時代に数学を捨てた人も多いはずです。大学入試はそれでもパスできたかもしれませんが、それでは就活はパスできません。

SPIの場合、数学の割合が約七割で圧倒的に比重が高く、他は国語が二割、性格テストは一割にすぎません。レベル的には数学分野のうち七〇～八〇パーセントが中学レベルの数学ですが、残りは高校レベルの数学が必要です。

そもそも、今の日本の大学生の数学力の落ち方は激しい。小学校四年生レベルの「1／2＋1／3＝5／6」を計算できない大学生が一七パーセントもいます。これは非常事態レベルです。

ただ、仮に分数の足し算ができなかったとしても、小学校四年生のところまで戻ってやり直せば構わない。中学三年までの数学に行きつく時間は、半年あれば十分です。高校レベルの数学になると、ちょっと手ごわいんだけどね。

数学が大事なのは、なにも一般就職に限りません。公務員試験の場合でも、外務省専門職員試験だと、記述式の専門試験科目は経済学と国際法と憲法と、あと時事論文、それに外国語。受験者はみんな、試験対策といえばこの専門科目に精力を注いできます。

でも、この試験の他に、択一式の基礎能力試験がある。記述式の答案はたくさんは採点できませんから、この択一式で定員の二倍強で足切りしちゃう。その足切り問題の六割が数学なんです。つまり数学がダメだと、いくら語学や国際法を勉強して相当なレベルにあっても、その努力は水の泡なんですね。

ちなみにアメリカのハーバード大学やスタンフォード大学、アマースト大学への留学には、SATという学力試験の英語と数学が必須で、数学のレベルは日本の中学三年レベルです。

いずれにせよ、数学の力をつけておくことは、就職試験において極めて有利になります。中学レベルは最低条件、高校二年レベルの実力か、あるいは履歴に数検二級所持と書いておけば、一次のエントリーはそれだけでパスできます。

勉強の遅れを取り戻すことは大事です。いまの時点でできないことは、悔いてもしょうがないのだから、易しいレベルに戻って正直にやり直す。これは恥ずべきことではありません。東京大学ではいま、教養学部に事実上、高校課程の補習講座が設けられています。つまり、日本一難しいとされる東大入試に合格した学生の中にも、高校レベルの学力の欠損があるものがいる、ということなんですね。それに気づいていて、補習を行なっているのは、さすが東大の優れているところですね。

＊外交官の卵でも英語力はまだハードル以下

佐藤　次に、語学力、現実的には英語力についてです。いうまでもなく、これからの時代、英語力は必要です。具体的には、英検ならば準一級、ＴＯＥＦＬのｉＢＴなら１００点（１２０点満点）レベルを目指してほしい。ちなみにｉＢＴ１００点ならば、アメリカのコロンビア大やハーバード大に留学できるレベルです。

日本の外務省では今年（二〇一六年）から、国家公務員総合職試験に合格して入省するキャリアの卵たちに対して、ＴＯＥＦＬのｉＢＴのスコアを申告するように要請したようです。外務省が期待していたスコアは１００点ですが、クリアできたのは約三割だそうです。

この結果は、日本外交の将来に悲観的にならざるを得ないし、すでに語学力が危険水域に突入しているのも事実です。

外務省の語学力はここまで落ちたのか、と私が腰を抜かすようなことがありました。

小泉純一郎さんが総理退任後にモスクワを訪れて、プーチン大統領と会見したことがありました。その会見の様子は、日本の首相官邸や外務省のホームページには出なかったのですが、ロシア大統領府のホームページに動画がアップされていたので、つい見てしまいました。会見には日本側の通訳が入っているんだけども、その彼のロシア語が滅茶苦茶。それを敢えて日本語に訳すと、

「あんたさん、大統領、あたい、総理、モスクワ、来たら、そのとき白いんだけども、黒くなっている雲あったな。それ、ぶっ飛ばした。雲、消えた。あの兵器、今も生きてる」

と、こんな感じなわけ。実際に小泉さんが言ったのは、

「私は現役のときに貴国を訪問したことがあります。そのときには雨雲が出ていたんですが、あなたの国には雨を散らすような特別な装置があるということですね。

それによって晴れにできたのですが、そういう技術は今も維持されているんですか」

というこことなんです。それが妙ちくりんなロシア語になっている。

これは恐ろしい話です。日露関係の歴史を紐解けば、トラブルの相当部分は通訳ミスから起きています。二〇〇一年を最後に外交官試験を廃止して、国家公務員総合職試験に統合したために、語学に対する思い入れもない連中がキャリア官僚として外務省に入ってくるようになった。そのキャリア連中は語学ができないから、誤訳を見つける力もない。そうなるとノンキャリアが手抜きをするようになって、きちんとした通訳をしなくなる。先ほどのロシア語通訳だって、小泉・プーチン会談の通訳を務めるくらいだから、外務省の一級レベルのはずなんです。それがあのレベルなら、下っ端の通訳は想像するのも恐ろしい。

日本の外務省に相当する韓国の外交部の場合は、外交官は確か三年に一回、必ず英語の試験を受けなければなりません。そこで一定の成績をクリアできないと、昇進させないし、在外公館にも出さない。

私はこの制度を日本の外務省も導入すべきだと思い、外務副大臣だった城内実さんに提案したことがあります。紆余曲折を経て、現職外交官の語学力を再チェックする制度は実現しなかったものの、新たに入省してくる新人の語学力はTOEFL iBTスコアでチェックするようになった。完全ではありませんが、何もしないよりはマシですよね。それに、英語は全くできないけれど、他の語学は抜群にできるなんて日本人は、まずいません。

若手が育ってくる十年後には、外務省の語学レベルもだいぶ変ってくるはずです。

＊スーパーグローバル大学はやめなさい

佐藤　語学ついでにちょっと横道にずれますが、いま日本では「スーパーグローバル大学」というのが喧伝《けんでん》されています。外国語で授業をしたり、一定数の留学生を受け入れることで国際競争力のある大学を目指す、という文部科学省の取り組みです。ですが、これは早晩、破綻するのではないかと私は考えています。

古代ローマ史が専門のある先生と話をしたときのことです。この先生は最難関の国立大学から有名な私立大学に移ったのですが、「講義を五コマ持っているうち、二コマを英語でやらないといけない」と仰る。

「先生、率直に伺いますけれども、英語で講義したときに、日本語でやるのと比べて、どれぐらい情報を伝達できますか？」

「そうだな、三割ぐらいかな」

「学生たちは留学生ですか？」

「いや、全員、日本人だ」

「英語で授業を聞いた場合、学生の把握率は日本語で聞いた場合の何割ぐらいですか？」

「英語だと二割ぐらいだろうな」

　この先生とのやりとりから、恐ろしい現実が導き出されたことに、みなさん気付きましたよね。

　先生の伝達率が三割で学生の把握率が二割だったら、掛け合わせて六パーセントです。日本語なら一〇〇伝達するところを、英語の授業だと六しか伝わらないのです。そんなものをスーパーグローバル化と称しても、上手くいくはずありません。

　欧米やアジアのエリート大学を真似た試みでしょうが、日本とアジア諸国とは条件が違います。

　シンガポール国立大学とか、中国の精華大学では、国際金融や物理学の授業は英語でやっていますが、それには歴然とした理由があるんです。グローバル化の影響では決してありません。英語のテクニカルタームや概念を、中国語のマンダリン(北京語)に訳せないからです。つまり、知識・情報を土着化できていない。その点、日本語で情報を伝達できる力というのは、日本が誇れる資産であり、長年の努力の成果だということを、再認識すべきですね。

この財産を潰したらダメ。スーパーグローバル化は日本の焦りから生まれたことですが、焦りの解消策の方向性とピントは完全にずれています。

英語を学びたい人は、専門の勉強法で集中的にやればいいだけの話です。

＊動機付け次第で暗記力はアップする

佐藤　数学、英語について話してきましたが、今日は最後に歴史について。ではまず、小テストをします。歴史的出来事がいつ起きたか、年号を書く問題です。所要時間五分。これは知識の有無を問うだけのテストですから、知らなければそれまでのこと。考える問題ではありません。

ちなみにこれと同じレベルのテストを早稲田大学の政経学部三年生にやらせたら、一〇〇点満点で平均点が五点。慶応大学の大学院では、四・二点でした。この「早慶戦」で早稲田が勝ったのは何故かといったら、たぶん大学入試からの経過時間が短いからじゃないかな（笑）。

では、解いてみてください。

（以下、問題と解答は次の通り）

明治維新、一八六八年。沖縄返還、一九七二年。天皇人間宣言、一九四六年。

関東大震災、一九二三年。二・二六事件、一九三六年。

五・一五事件、一九三二年。

日本国憲法公布、一九四六年。日本国憲法施行、一九四七年。

ポーツマス講和条約、一九〇五年。サンフランシスコ平和条約、一九五一年。

桜田門外の変、一八六〇年。西南戦争、一八七七年。薩長連合、一八六六年。

アメリカ独立宣言、一七七六年。ナポレオン皇帝即位、一八〇四年。

日韓併合条約、一九一〇年。ロシア十月社会主義革命、一九一七年。

第一次世界大戦勃発、一九一四年。ヤルタ会談、一九四五年。

国際連合成立、一九四五年。新日米安保条約、一九六〇年。

ソ連の対日参戦、一九四五年。イスラエル建国、一九四八年。

国家総動員法、一九三八年。独ソ戦勃発、一九四一年。
アヘン戦争勃発、一八四〇年。
南京条約、一八四二年。琉球処分、一八七九年。教育勅語発布、一八九〇年。
内村鑑三不敬事件、一八九一年。神仏分離令、一八六八年。
札幌農学校創立、一八七六年。同志社英学校創立、一八七五年。
東京大学創立、一八七七年。国会開設の勅諭、一八八一年。
日露戦争勃発、一九〇四年。
日清戦争勃発、一八九四年。三国干渉、一八九五年。大津事件、一八九一年。
日米和親条約、一八五四年。日露通好条約、一八五五年。大政奉還、一八六七年。
徴兵令、一八七三年。三・一独立運動、一九一九年。
ハーグ密使事件、一九〇七年。
血盟団事件、一九三二年。下山事件、一九四九年。日韓基本条約、一九六五年。
公明党結成大会、一九六四年。ソ連崩壊、一九九一年。

この出題にあたって参照したのは、山川出版社の『日本史A』という教科書です。いま普通科高校では「日本史B」を使用しますし、入試の日本史も大体の大学は

「日本史B」が出題範囲です。「日本史A」は商業高校・工業高校など実業学校で使う教科書ですが、「同志社英学校創立」以外は全部そこに出ている年号です。つまり、基礎的な項目ばかりで、入試に出るような重箱の隅を突くような事柄ではありません。

次回も、十問だけ項目を入れ替えた小テストを行ないますから、復習してくれば八〇点は絶対に取れます。

この五十項目は、今後の講義や、皆さんが社会に出て行く上において、あるいは就職試験において、必要な年号です。歴史上の意味ある年号です。それなのに、なぜみんなできなかったと思う？

一つは、受験勉強が嫌いだったから。もう一つは、覚えることに意味がないと思っているから。人間は嫌いで意味がないことは、絶対に記憶に定着しないんです。

私がこれから皆さんに伝えることは、これらの年号を覚えることに、どういう意味があるのか、ということです。つまり、動機付けができると、記憶できるようになる。株をやっている人は、株式市場の動きを綿密に覚えているでしょう。あるいは先物市場に投資している人は、小麦の値段とか金《きん》の値段をすごくよく記憶しています。それと一緒です。

このように、関心がある場合に記憶が良くなることを、ハイデッガーは用在性と言いましたが、教師ができることは簡単かつ限られていて、それは学生への動機付けです。この動機付けが上手くできるか否かが、よい教師かどうかの踏絵になるのです。

*「新約」から読むと聖書がわかる

佐藤　さて、次回からは本格的にキリスト教について話していきますが、それには聖書が不可欠です。最初の授業だからあえて聞きますから、正直に答えて下さい。聖書を通読したことがない人、手を挙げて。

学生　（三分の一くらい、手が挙がる）

佐藤　その人は、まず新約聖書だけ通読してください。もし黙読するのが苦痛だったら、音読、つまり声に出して読み上げてもかまいません。新約聖書だけなら、毎日一時間ずつ読み上げても、三週間で通読できます。神学部に入った以上、新約聖書だけは通読しておいて欲しい。

聖書の読み方には、いろんな方法があります。キリスト教との向き合い方や専門分野による立場の違いが反映されますが、私の聖書の読み方は〝新旧約聖書〟という形で読んでいます。つまり新約聖書の立場から、旧約聖書を読むべきだということです。これは旧約聖書の専門家や、一部の新約聖書の専門家からも怒られるんだけど、私は自分の読み方でいいと思うし、皆さんにもこの読み方をお勧めします。

いずれにせよ、聖書を読まずに神学部を卒業することだけはやめてほしい。これは自慢にすらならないし、恥ずかしいことだと思って貰わないと困るんだ。

それから、聖書を持っていない人はぜひ購入して欲しいんだけど、その場合、強く薦めるのは、日本聖書協会から出ている『聖書　新共同訳――旧約聖書続編つき（引照つき）』です。「旧約聖書続編」というのは、通常、アングリカン教会以外のプロテスタント教会では使いませんが、神学部生はプロとして、あるいはセミプロとして聖書を読むわけだから、旧約聖書続編が必要です。

「引照つき」というのは、聖書のなかのあるくだりが、他のどの記述と関連があるかの注記があるものです。ネット空間におけるハイパーリンクのようなものですね。これもプロの読み方には必須です。

さっき見わたしたら『新改訳聖書』を持っている人がいましたね。『新改訳』に自分の思いがあるのなら使ってもいいし、参照として見るのはかまいません。ただ、新改訳には独自な神学的解釈が入っているので、神学部などの学術的な場面で使うには、率直に言って馴染みません。

キリスト教的な素養が全くない人にお薦めなのは、『教会史概説』(新教出版社)です。カール・ホイシという東ドイツのイエナ大学教授の著作ですが、残念ながら絶版になっているので、図書館か古本屋で探して読んでみて下さい。

この本を薦めるのは、東ドイツの神学書だからです。なぜかというと、東ドイツでは高校までの宗教教育が禁止されていたからです。この本は、大学に入ってから神学教育をいきなり始めて、西ドイツやアメリカやイギリスと同じ水準に半年から一年半ぐらいで近づけるという目的で作られている教科書だから、日本のような、キリスト教的な土壌がないところで神学部に入ってくる皆さんにとっては最適なのです。

アメリカやイギリスやドイツの神学教科書だと、入門書とはいえかなりの神学知識が前提とされているから、初心者にはわからないことが多すぎます。私も『神学の思考』(平凡社)という、全く知識のない人用の入門書を作っていますが、この作業は非常に重要だと思っている。

教会史に関して全体的な知識を概観するなら、同志社神学部の藤代泰三先生の『キリスト教史』（日本YMCA同盟出版部）や、ウィリストン・ウォーカーの『キリスト教史』（ヨルダン社）がいいと思う。

入手しやすいということで、平凡社ライブラリー『キリスト教史』（全十一巻）を読む学生も多いけれど、これは同志社神学部の立場じゃないから（笑）。「宗教改革」じゃなくて「信仰分裂の時代」ってなっている。ということは、カトリックの立場です。同志社神学部のベースはプロテスタントだから、プロテスタントのものを読んで欲しいですね。

教理史では、ヤロスラフ・ペリカンという人がいる。スロヴァキア系のアメリカ人で、『キリスト教の伝統』（教文館）という本が出ている。かなり歯ごたえがあるけど、いい本です。

では、次回に続きをやっていきましょう。

第2講

✣2016.6.25✣

天使のように貪欲に

＊学習報告ではウソをつくな

佐藤　さて、二回目の講義を始める前に、前回の年号テストのおさらいをしておきます。

歴史のテストは、みんな結構、惨憺《さんたん》たる結果でしたね。平均点は、怖いから計算してませんが、たぶん五点を切っているのは確実だと思います。

では、この種の勉強をどう早くやるかというと、山川出版社から出ている『スピードマスター』シリーズを使う。日本文化史や世界史は「30日完成」で、哲学なんかと関係している倫理は「20日完成」となっているけど、皆さんだったら五日から一週間でできると思う。

そのためには、効率的な勉強法があるんです。これは、歴史でもいいし、英語やロシア語の語学学習でも、着実に力を伸ばせる方法です。

まず、数人の学習グループを作り、その中で幹事を一人決めておきます。毎日どこまで勉強したかをその幹事の人に一日一回、メールで送っておくの。幹事はそれに特に返信はしない。そして一週間に一回、幹事から私にその内容を送って貰う。そうやってどれぐらいの進度なのかを見る。

そのとき重要なのは、絶対、嘘をつかないことです。サボった日には、ゼロでかまわない。ゼロであるというのも、すごく重要な記録であるわけ。こうした積み重ねによって、どれぐらい勉強しているかということを、自分で記録して確認することができる。すると、成績や成果が、勉強時間と正の相関関係になることが、後々よくわかります。

昔、寝ないで受験勉強をする学生を評して「四当五落」、つまり四時間睡眠で勉強してきた奴は合格したけど、五時間も寝た奴は落ちた、と言ったりしました。睡眠時間を削ってまで勉強するのは今ではナンセンスかもしれないけれど、結局のところ、勉強時間の総量が多ければ多いほど、初級から中級段階の学力や知識を身につけることができる。

それからもう一つ、間違えた勉強の仕方は絶対にしてはダメです。たとえば、数学が中学レベルの知識しかないのに、金融工学の本を読んで偏微分方程式を書き写しても、全く意味がないから（笑）。それはサンスクリット語のテキストを見て、字の形を真似て書き写したって何の勉強にもならないのと同じことだからね。

＊円の時間、直線の時間

佐藤　歴史の年号をいちいち暗記するのは、皆さんバカバカしいと思うかもしれません。でも、これは本当に重要です。なぜ年号を覚えなければならないのか、を考える上で、まず時間の概念について考えてみましょう。

時間は基本的に、二種類あります。円環をなしている時間と、直線をなしている時間、この二つです。

われわれ日本人にとっての時間は、円環をなしています。大晦日になると紅白歌合戦があって、ゆく年くる年があって、深夜零時を過ぎて一月一日には新しい年になる。また、節分や端午の節句、お盆やお彼岸といった年中行事があることによって、再び新しい年が回ってきたと実感できますね。こうして、あたかも時計の針が一周するような円環的な時間、円環的な歴史観をなしている。農耕民は通常、円環的な歴史観だから、ギリシャの歴史観も円環的です。

一方それと違うのが、ユダヤ教やキリスト教の時間理解や歴史観で、これは直線動いている、という理解なんです。ところで、終りは英語では何？
学生　エンド（end）。
佐藤　では、エンドって、終り以外にどういう意味がある？
学生　目標？
佐藤　そう。これはすごく重要です。
テロス（telos）という単語を、ぜひここで覚えてください。これはギリシャ語においては、「終り」であると同時に「目的」で、「完成」を意味します。
「最後の審判」というと、日本人の感覚では恐ろしく思うでしょ。天国に行けるのか、地獄に落ちるのではないかとびくびくしていて、まるで江戸のお白洲に引きずり出されて断罪を待つかのような感覚だと思うんです。これはキリスト教的な発想が日本人の中に根付いていないからなんですね。
キリスト教徒にとって最後の審判は全然、怖くない。なぜなら、これによって自分たちは救われるからです。歴史の終りというのは、終りで全部なくなるということじゃない。歴史の終りによってわれわれは自分のやっていることを完成するわけで、それが生きている目的だからです。

聖書を見てもいいけれども、そもそも新約聖書は何巻から成っている？

学生 二十七巻です。

佐藤 じゃあ旧約聖書は？

学生 三十九巻。

佐藤 そう。九九になぞらえれば「三《さん》×九《く》、二十七」だから覚えやすいでしょ（笑）。じゃあ福音書はいくつある？

学生 マタイ、マルコ、ルカ、ヨハネの四巻です。

佐藤 その中で、初めの三つの福音書を共観福音書と呼びますが、この「共観」とはどういう意味かわかる？

学生 三つの福音書には、似たような箇所がいくつかある。

佐藤 現在ではどの福音書が先に書かれたと考えられている？

学生 マルコによる福音書です。

佐藤 ということは、マタイとルカの中に、マルコの記述が入っている。しかしそれだけじゃないんですね。ルカとマタイには、マルコとは別のイエスの言葉についての資料が用いられている。それは後に聖書を纏《まと》める段階では散逸してしまったようなんです。それをＱ資料と称しますが、これも用いてベースにしてマタイとルカの福音書は書かれています。Qというのは、ドイツ語のQuelle（資料）の頭文字です。

さて、本題に戻ります。共観福音書におけるイエスが説いているところの、つまりキリスト教における究極的な目標は何？

学生　天に入る……？

佐藤　違う。「神の国に入る」なんだ。神の国に入ること、これこそが究極の目的です。最後の審判があった後、われわれは「神の国」に行く――こういう考え方です。ところが、ヨハネの福音書だけは目的が違う。「永遠の命を得る」ことなんですね。「神の国」と「永遠の命」の関係については、組織神学の課題なので、ここでは触れません。

＊カイロスとしての年号

佐藤　時間の概念に話を戻します。

ギリシャ語で「時間」の概念を表す言葉は、二つあります。

一つは流れて行く時間で、これを「クロノス（Chronus）」という。英語でクロノロジー（chronology）は年表、あるいは時系列表の意味ですね。クロノロジー、クロノスというのは、通常われわれが考えている、流れて行く時間、言い換えればタイムだよね。

それに対して、「カイロス（Caerus）」というのがある。カイロスは、クロノスを上から輪切りにするんです。事が起きる前と後で質が変わってしまう、ある種の節目ですね。

たとえば、誕生日がそうです。私なら一九六〇年一月十八日ですが、自分が生まれる前と生まれた後では世界が違うから、これは私にとってのカイロスになる。誰かと知り合ったり、別れたりしたら、出会った日も別れた日もカイロス。

そうするとカイロスには、個人のカイロスも、共同体のカイロスもあることになります。

一九四五年八月十五日は、日本人にとっては終戦記念日というカイロスですね。ところが国際基準において、この日をカイロスとしている国は、日本以外は世界に二つしかない。大韓民国と朝鮮民主主義人民共和国だけ。ただし韓国においては、かつては光復節（クァンボクチョル）として、国家で一番重要な日だったのに、いまではだんだんずれてきている。

八月十五日は天皇が玉音放送によって日本国民に対して、ポツダム宣言を受諾する、すなわち降伏すると告知した日であって、国際法的な効力としては何の意味もありません。日本政府が、スイス公使館を経由してアメリカに対して、降伏することを通達したのは、前日の八月十四日。そして実際に日本が降伏するのは、東京湾のミズーリ号上で降伏文書に調印した九月二日です。

だから国際基準においては、九月二日を第二次大戦終結日とする国が大半なのです。

ちょっと想像力を働かせてほしいんだけど、タイムマシーンで一九四五年八月十五日の、当時は京城と呼ばれていた今のソウルに行ったとしてみよう。玉音放送が流れたとき、どうなっていたと思う？　韓国人も、大日本帝国の外地臣民だったから、ラジオの前で泣いていたのです。高倉健と田中裕子が出演した映画「ホタル」にも出てきたように、韓国人の特攻兵もいたわけだ。

じゃあ、韓国人が朝鮮解放だと大喜びしたのはいつか？　連合軍の方針が朝鮮独立だと伝わって、民族の解放だという流れに突如変わったのは、二日後の八月十七日ですね。

学生　そうすると、カイロスというのは、与えられる意味づけによって変わってくるのですか?

佐藤　そうなんだ。年号をなぜ覚えなくてはならないかというと、意味があるカイロスだからなんだ。二〇一一年三月十一日の東日本大震災の前と後では日本の国が変わっている要素がある。一九八九年十一月九日のベルリンの壁の崩壊の前と後でも変わっている要素がある。この中に無意味な年号は何一つないんだ。

たとえば一九四九年の下山《しもやま》事件なんて、若い世代には「何それ?」という感じかもしれないけど、当時の国鉄総裁の下山定則さんが東京の常磐線で轢断死体で見つかった事件です。政府は、何者かによる暗殺だと言う。当時国鉄で大量の人員解雇が行なわれようとしていた。解雇に反対する共産党の仕業だろう、という世論の流れになった。その後も続けざまに三鷹事件、松川事件と国鉄をめぐる事件が起きたため、共産党は労働運動に対して持っていた強い影響力を失うことになっていくんです。結局、自殺か他殺かの白黒もつかないまま幕引きされた謎の事件ですが、今では他殺説が有力視されています。キャノン機関というアメリカの謀略機関、占領軍の参謀第二部、陸軍中野学校のOBたちがかかわった本格的な謀略だったんじゃないか、という説ですね。

ここまで説明を聞いて、神学の勉強と下山事件に何のかかわりがあるのか、と思った人もいるでしょう。これは、戦後のアメリカの占領政策とキリスト教の問題に、密接にかかわるのです。

じつは日本のキリスト教は、戦時体制に積極的に協力したにもかかわらず、他の協力者や協力団体が戦争責任を追及されたのに対し、日本では完全に免罪されてきました。戦時中は軍部の抑圧を受けていたという神話のもとで、戦後のキリスト教は優遇されている。これは明らかにアメリカの反共政策と関係しています。つまり、下山事件とはコインの裏表の関係になるのです。

同志社に関していえば、この神学部校舎の建物は一九六三年にできましたが、キリスト教関連団体の寄付も得て建てた、日本初の全館冷暖房のセントラルヒーティングの建物だそうです。知らなかったでしょう（笑）。それくらい優遇されていたんですよ。

さて、どうかな？　年号を覚える動機づけはできたかな？

じゃあ、二、三分あげるから、前回の年号テストを見返してみて。そのあと、二回目の年号テストを行ないます。

（このあと二回目の年号テスト実施。問題と解答は省略）

佐藤　今回は、皆さん八〇〜九〇点ですよね。これは前回の復習の成果だし、復習をサボった人がいたとしても、今日のテスト前の数分間できちんと記憶できた証拠だね。

短い時間でギュッと集中して記憶して、それを再現するという訓練。これを繰り返すと、忘れなくなります。今は年号の訓練をしているけれども、このやり方で、英語をはじめ、ドイツ語やギリシャ語の単語を覚えて行くといい。

文脈とか、脈絡で覚えて行くんじゃなくて、ベタに記憶して行く。短時間で覚えて、それをすぐに復元してみる。それを何回かやると、記憶に完全に定着する。ただ見るだけでもいいし、手を使って鉛筆で書いてみてもいい。とにかく、いろんなやり方を試して、自分にあった方法を身につけて下さい。

それから、答案に氏名を書くときは、「佐藤優」のようにフルネームで、必ず下の名前まで書くこと。これは就職の採用試験のときに非常に重要で、苗字しか書いてないと、変な人と思われて、それだけで落とされる。これはメールなどのやり取りでも同様です。差出人の自分の名前を苗字だけにしたり、相手の名前も苗字だけ書くのは無礼だからね。

さすがに皆さん知っていると思うけど、会社や法人などの組織に宛てるときは「○○様」じゃなく、「○○御中」です。返信用の封筒を入れるときは、宛名の自分の名前は「○○様」でなく、「○○行」と書くこと。そして先方から来た返信用の宛名の「行」は、消して「様」に直して送り返すこと。

大学生はもう半分、社会人だから、こういう社会人としての常識を一つひとつ覚えていかないといけない。

＊TOEFL iBTで100点を

（ここで英語力のテストを実施）

佐藤　英語に関しては、皆さん中学レベルで躓《つまず》いている人はいませんね。あとは、現時点での実力にあわせて、おのおの最適の学習を進めてほしいですね。非常によくできる人が三人いますが、あなたは留学経験はあるの？

学生　二カ月だけです。

佐藤　英検は持っている？

学生　英検は受けてませんが、ＩＥＬＴＳは５・６を取りました。イギリスの英語の勉強がしたいので……。

佐藤　あなたは英語がすごくできるから、『English Grammar in Use』のイギリス英語版のドリルを全部やったらいいと思う。そのあと語彙《ごい》数を増やしていけば、英検の準一級を取るのに一年かからない。ＴＯＥＦＬのｉＢＴの１００点も一年あればできる。これはＩＥＬＴＳの７＋。８を取れば、ケンブリッジ大学だろうとオックスフォード大学だろうと、世界中のどの大学へでも留学できる。あなたは英語に特化して伸ばしたほうがいいと思う。

いま紹介した『English Grammar in Use』はケンブリッジ大学が出している英語の学習書で、世界中で高い評価を受けたものです。アメリカ英語版とイギリス英語版があって、初級、中級、上級と段階別になっています。先ほどの三人は、米語か英語かを決めた上で、中級ドリルを、カッチリとやったらいい。

いま言った「カッチリと」というのは、一日最低三〇分、それを一日もサボらずに一年間やることです。

語学の勉強というのは、一日サボると、初級段階では――みんなは大きい意味においてはまだ初級段階だから――力が確実に落ちます。一年間続ければ、英検なら準一級、TOEFLのiBTで95点、IELTSなら7程度には到達するはずです。

これに次ぐ六人の人たちは、『English Grammar in Use』の初級編である『Essential Grammar in Use』、すなわち英検二級はクリアしたという前提のドリルで始めるといい。そうすると半年ぐらいで、先の三人の現時点レベルに追いつくことができる。

残りの人に関しては、大学入試レベルの英語を完全にクリアすることが、まずは目標だ。具体的には英検二級を目標にしてほしい。英検二級の教本と問題集を解くと同時に、『English Grammar in Use』初級編の日本語版を使うのがいいかもしれない。『English Grammar in Use』は初級と中級には日本語版があって、英語オリジナルの他に、文法の解説が日本語で書いてある。最初はこれも便利かもしれません。

＊エントリーシートよりもSPI対策を

佐藤　前回の授業で就活対策に少し触れましたが、今回はより具体的に試験対策の勉強法についてお話しします。

まず一般就職を希望する人たちは、今の世の中の在り方を現実的に考えてほしい。「下手な鉄砲も数打ちゃ当たる」よろしく、百通ぐらいエントリーシートを出す学生もいるようですが、それは全く意味がない。それよりもＳＰＩの対策をしたほうが絶対にいい——という話は前回の授業でも触れましたね。内容は七割が数学、二割が国語、一割が性格テストだから、数学対策は欠かせない、ということも判ってくれたと思います。

ＳＰＩは試験結果が何点だったか、企業側も教えてくれないし、そもそも問題も発表されていません。おそらく、国語分野だけがよくできて数学は全然できないとか、国語はできなくて数学が抜群にできるとかいう結果だと、偏りがあると見られて、落とされることが多いんじゃないかな。最初はバリバリ解いていたのに途中から全然解かなくなると、おそらく根気がないと評されるでしょう。

ＳＰＩ問題集は何種類も出版されていますが、洋泉社から出ている参考書は、受験者の記憶に基づいて作っているので、参考になるはずです。

いずれにせよ、このＳＰＩ対策をすることが就活において非常にプラスになるのは、何故なのか？　それは入社試験と入学試験を比べてみれば、わかるのです。

入学試験は、出題から採点まで、選考プロセスがものすごくフェアです。採点者をカンヅメにして、採点者が相互にチェックする。一人の採点者の受け持ち範囲も限られているから、細心の注意を払っています。

ところが入社試験は、そうじゃない。企業側の人事採用担当者は、そのポストに二年か三年、せいぜい五年しかいないんです。すると、東京大学法学部出身で、面接でもそつなく喋ったAという学生がいれば、とりあえず採用しておく。仮にそいつが後で痴漢をしたり、何かトラブルを起こしたって、そのとき採用した人事の人間は「いや、東大法学部卒で、いい成績だったから」と言い訳ができる。逆に偏差値五〇ぐらいの大学出身だけどもすごくユニークな人材で、営業で伸びる可能性を秘めているBを採りたいと思っても、もし採用した後で使えなかったり人格的に問題があるということになったら、採用担当者はその責任をおそらく追及される。AもBも、両人とも企業にとっては見込み違いだったとしても、採用した側の評価に差が生じるのが現実なんですね。

そうなると、採用担当者はつい自分の保身を考えてしまう。今の日本は学歴社会といわれるけれども、正確にいえば「入学歴社会」だから、入学偏差値の高い大学出身者から採っていくという形になるわけです。

そうすると、同志社大学だと、入学偏差値は大学全体のトップ五パーセントには入っているでしょう。ただ、トップ○・一パーセントの大学じゃない。トップ○・一パーセントの大学、具体名を挙げれば、東大であり、一橋大であり、東工大であり、あとは学部によりけりだけど早稲田、慶応だよね。それが事実上のシード校になっている。いま京大は必ずしも評価はそれほど高くないんだ。

それ以外の大学だと、会社の面接にたどり着くまでにいくつかの関門がある。同志社クラスの大学だと、エントリーシートは通る。ところがもう少し入学偏差値が低い大学になると、妙な変数をかけられている。要するに、最初からその大学出身者は採用する気がないのだけれども、エントリーシート段階で全員弾くことも、全員受け入れることもしないで、何パーセント抽出という恣意的なことをやっているそうです。人事関係者から漏れ聞くところによると、どうもそんな感じが現実のようですね。

私も外務省時代に採用する側にいたことがあるからわかりますが、たとえば千人全員の答案を見ることはできないし、ましてや千人の面接をすることなんてできやしません。だから、どこかで絞り込まざるを得ない。

では一部上場の難関企業を目指すには、どうしたらいいのか？『会社四季報』に出ているような会社に就職しようとするならば、まず面接まで行きつく手立てを考えないといけない。

そのためには、まずエントリーシートの段階において必要なのが、客観的な資格。TOEFLのiBTで100、英検で準一級をもっていると絶対に通る。次にSPIで、上位五分の一に入る成績を取っておく。SPI対策を本気でしてくる学生はごく少数だから、これをかっちりこなすことは費用対効果が高い。

面接まで行き着けば、東大や一橋の学生に伍して合格まで上がっていくことは簡単にできる。

中堅クラスの企業の場合だと、SPIの結果をかなり尊重しています。これまでの採用経験からSPIの結果と、本人の性格や仕事の適性がそんなに乖離《かいり》しないのがわかっているからです。同志社の学生は、就職担当の人に聞いても学生に立ち話で聞いても、採用試験にSPIのある企業を敬遠する傾向が強いようだけど、むしろSPIを武器にすべく準備をすることが、大局的にはプラスになると心したほうが絶対にいいはずです。いま英語や数学の学習について繰り返し言うのも、就職対策で重要だという側面があることを無視できないからです。

数学の知識やセンスが求められるのは、公務員試験でも同様ですし、研究職になる人や牧師になる人も必須です。神学の研究者になぜ数学的な発想が必要なのか。

論理的な思考力と直結するからです。また統計処理も聖書解釈には欠かせません。ある用語がどんな文脈で、何回用いられているかを分析する際には求められます。いずれも高校レベルの数学力があれば、対処できるのです。

（数学テストを実施。問題と解答は省略）

佐藤　皆さんの数学力だと、三分の二の人は中学レベルの数学に欠損がある。それはやっぱり率直に認めて、中学三年レベルの数検三級から、状況によっては四級（中二レベル）、五級（中一レベル）にさかのぼってやり直してほしいんです。五級だったら二、三週間の準備でできるし、四級だと一カ月か一カ月半、三級でも三カ月あれば大丈夫だから。

中学レベルの数学を固めたら、高校数学レベルに取り組んでほしい。理想的には、私立文系の出題範囲である数ⅡＡのところまでは基本的にきちんとマスターしておくことが望ましい。

＊資格試験予備校は教材が命

佐藤　一昔前まで、「士業は不況に強い」なんていわれ方をしていたため、資格試験を目指す学生が増えていますね。弁護士、会計士、税理士、司法書士……「士」がつく資格はたくさんあります。この教室の皆さんの中にも、目指している人がいるはずですが、ちょっと立ち止まって考え直してほしいことがある。はたして今後、その資格が求められるのか、世の中を見渡してリサーチしなおしてほしいのです。

たとえば、行政書士は仕事が減っているので、これからはお勧めしません。

税理士は、どうか。試験で資格を取るのはうんと難しい。合格率も一八パーセント前後の狭き門。しかし、ここをくぐって税理士事務所に入っても、大した仕事は来ない。将来的に税理士になりたいのであれば、国家公務員の国税専門官を目指すほうを、私は勧めます。税務署に勤めて実務経験を積めば、勤務年数に応じて試験科目が免除されたり、最終的には二十三年以上のキャリアがあれば税理士になれる。長期的に考えれば、その方がメリットは大きいですね。

学生　私は教員採用試験を目指しています。

佐藤　教員採用試験では、公務員試験と同様で、専門試験と教養試験があるよね。この教養試験のところをまずはしっかりと押さえることが大事だ。それには、地方公務員上級試験の教養問題集を潰して行くこと。これをやっていけば、力がつく。

実は公務員試験のポイントは、「理解しなくてもいい」ということです。基本書の内容を暗記して、与えられた時間内に答案用紙に復元すればいいのです。理解しないで覚えるだけでは、その知識が有機的に活用できないのも事実だから、ベストは理解して記憶すること。ただまずは記憶することが重要で、記憶する技術さえ会得できれば、あとで理解を組み合わせることも可能です。

公務員試験の準備には、仲間との勉強会が有効だと思います。おそらく同志社の学内にもあるはずだから、活気のある勉強会を探して参加して下さい。注意すべきは、勉強会の存続自体が目的化されていて、この運営に精力を注いでいる人たちばかりがいるようなところには入らないでね。ゼミのように、一定の時間だけ集まって問題集を解く。これを日々、続けられるような勉強会がベスト。加えて、定期的に模擬試験を行なって、実践対策をすることも大事です。

公務員試験のなかでも、次にあげる試験対策ならば、予備校に通わなくても、独学と勉強会、それと最善の教材があれば大丈夫です。

・地方公務員上級試験
・国家公務員一般職試験
・地方公務員中級試験
・政令指定都市の試験

これらの試験は出題範囲と傾向が相当重なっていますので、丹念に問題集を解くことで対策は立てられるはずです。

次に、独学だけでは難しい、予備校に通う必要がある試験もあります。

・国家公務員総合職試験
・外務省専門職員試験
・公認会計士試験
・司法書士試験

この四つの試験はかなり専門的な準備が必要とされて、大学の授業だけでは不十分です。

同じ「憲法」という授業でも、大学は学術的な研究の場であって、試験に合格するためのテクニックを指導してくれる場ではありません。また、大学教員も、研究指導には長《た》けていても、これらの試験対策のノウハウは持ちえていないのです。そのために予備校が必要なのですが、ダブルスクールを始めた挙句、予備校に入り浸っている学生はだいたい落ちる。必要なのは予備校の教材です。自分の不得意分野の補強に予備校の教材を使うのが狙いであって、予備校の授業を皆勤しても、試験にパスできなければ本末転倒です。

＊勉強のスケジュールにも締切を導入せよ

佐藤　就活対策の勉強をいつから始めるかは、皆さんが学生生活を送る上で関心があることだと思います。

そもそも試験勉強は、ダラダラやっても効果は出ないものです。時間があるならば、試験対策にとられずに、日頃の勉強や読書に費やしたほうが、学識も知識も深まるはずです。最近では三回生の秋頃から就活対策をする学生が一般的だと思います。

しかし、試験によっては、二回生の夏休みから始めないと間に合わないものもあります。それが「国家公務員総合職」「公認会計士」「外務省専門職員」。いずれも試験時期が四回生の五月～七月ごろですから、準備に二年間は必要です。「司法書士」だと、覚えるべき知識量がやや少ないので、二回生の冬からで間に合うでしょう。他の公務員試験は、二回生から三回生になる春休みから試験態勢を取ればいい。一年数カ月の準備期間で確実に合格します。

つまり大学生活は四年間ですが、入学して一年くらいの間に、将来の希望進路を決めないといけないわけです。そして希望の職種の試験があるのなら、そこを「締切」だと設定して、そこから逆算してスケジュールを立てるのです。

では、すでに三回生になっちゃった人はどうすればよいかというと、まだ間に合う（笑）。今すぐ態勢を取れば、間に合う。公務員試験のなかでも、地方公務員試験や国家公務員一般職は、他のことを放り投げて専念すれば、三回生からでも合格できます。

そうすると、ここは考え様です。何十社も面接に廻った上に、ＳＰＩの手ごたえすら判りにくい一般企業目指して頑張るか、あるいは問題意識を持てて、答もわかって、この点数をクリアすればどこかの公務員には絶対ひっかかるという公務員試験を狙うか。公務員試験に合格しながら民間企業も受けるか。公務員に合格していることを企業が知った場合には、民間企業の採用で最終的に有利になることがいくらでもある。その結果、民間企業に入って公務員の採用を蹴飛ばしたって、それで大学の後輩の就職に迷惑がかかることはない。そういうやり方も考えてみるといいかもしれない。ここから先は、皆さんの判断と意思にお任せします。

あと余談ですが、外務省を受ける人は、面接のときに絶対に私の名前を出さないこと（笑）。外務省には、私と仲が悪い人もいるけど、同時に信頼して仲がいい人もいます。ただし、今の状況で「佐藤優さんの指導を受けた」とか「佐藤優さんの愛読者」と言ってしまうことは、言った本人が相当バランス感覚の欠けた人間だと思われるからね。これはとても重要です（笑）。

＊じつは難しくない司法試験

佐藤　それから同志社の神学部に入学して、卒業する力が十分あれば、司法試験には合格します。それは、一般入試で入った人だけじゃなくて、自己推薦でも、あるいは学校推薦でも一緒です。司法試験は世間で思われているほど難しい試験じゃありません。

それに司法試験には、数学の要素が皆無。だから数学がスッテンテンで、分数の足し算ができないレベルであっても合格できる、そういう奇妙な試験なんだ。ただし、覚えないとならないことが多いから時間がかかりますが、法科大学院三年の間に十分処理できる範囲です。一浪か二浪すれば、確実に受かる。

　これまではあまりいなかったけれども、神学部出身者の中から弁護士や裁判官、検察官になる人が出てきたって、全然悪くない。トライしてみる価値はあると思うし、これからの時代、神学的な考え方が求められるケースは、こうした分野にも増えてきます。

　それは医師の世界も同様です。たしかに医学部や法科大学院への進学は、お金がかかります。親や実家に経済力がなければなりませんが、手に職をつけて食べて行くということだったら、神学的な教育をベースにして、医学部などへ進んで行くのも選択の一つです。この分野では年齢の遅れは関係ないから。六年間の医学部時代が必要だから、収入を得るまでは遠回りになるけれども、生涯の収支はマイナスにはなりません。

　神学部で学んだ教養や生命の問題にまつわる知識は、医者になってから、研究員にしても開業医にしても、役立つことは間違いない。神学部での四年間を、いわば国際基準における教養課程、すなわちハーバード大学や、スタンフォード大学や、プリンストン大学の四年間と位置づけて、大学院大学として法科大学院や医学部へ進学するというコースも、これからは広がってきてもいいはずです。

＊「外様」が大学で生き残れるのか

佐藤　最後に、大学で学んだ専門性の延長線上に仕事を見出すケースです。神学部に特有の職業として、筆頭に上げられるのは牧師ですが、これには適性が必要です。何よりも召命感が重要ですが、きちんとした基本的な勉強をすれば大丈夫。ただし、キリスト教は「斜陽産業」です。文化庁の統計によれば、キリスト教徒は明治時代から約百万人で推移していましたが、近年になると二百～三百万人になっている。これは実態とはかなり異なります。日本のキリスト教徒はプロテスタントとカトリックが半分ずつで、日本基督教団は公称十八万人ですが、実質的にはもっと少ないと思う。日常的に教会に通っているとされる信者（現住陪餐会員）が約九万人ですが、ほぼ毎日曜日教会の礼拝に出席している人となると二～三万人かもしれません。仏教と比べると、明らかに斜陽産業でしょう。

もう一つ、大学教員になるという道もあります。これには、大学院に進学して修士号、博士号を取ることになります。

ただし、どの大学院に進むかは、よく考える必要があります。具体的にいえば、同志社の神学部を出た学生が、東大や京大の大学院に進んでも、いいことはない。大学院の入学レベルは、同志社も東大も京大も、仏教系の駒沢大も龍谷大も、全部一緒だと考えたほうがいい。大学院は偏差値でいったら学部より一〇から一五、みんな下がります。試験科目は大学入試と比べたら少ないので、比較的簡単に入れる。

逆に簡単に入れるだけに、目に見えないバリアが大学院内にあって、基本的には「プロパー優先」です。つまり院生は、学部上がりの「譜代」と、他大学から来た「外様」に分れていて、「譜代」の人しか大学に残す教育をしません。というのも、大学院というのは巨大なギルド制だからです。教師と学生の関係性は濃厚で、指導もその関係性のなかで行なわれる。その最たる例が東京大学法学部。ここは学部時代にもっとも優秀な学生を大学に残すために、学部を卒業した直後に、昔なら助手、いまなら助教として採用するのです。旧くは丸山真男がそうですし、行政法が専門で北海道大学教授を長く務めた山口二郎さんとか、若手の憲法学者である木村草太さんも、卒業即助手採用です。

そうなると、学内進学した院生と教員との師弟関係を凌駕《りょうが》できるほどの、明確な研究テーマや志望動機がない限り、他大学出身の院生は不利です。他大学の大学院に進学してそのまま研究職に就ける可能性はほぼない。具体的な研究テーマがはっきりしていて、指導教員がその先生以外は見当たらないという場合以外は勧めません。さもないと、行きつく先は「高学歴ワーキングプアー」です。

むしろ海外の大学院に留学するほうがいい。大学教員を目指すなら、先生になりやすい国はいくらでもあります。東南アジア、中国、さらにはヨーロッパやアメリカで、まずは日本語教師になるのです。入り口は日本語教師でも構わない。それは大学の教歴になるから、これと並行して、自分の専門の勉強を続けていけば、日本に戻るときは専門分野でのポストに就くことも可能です。つまり日本語の教師をやりながら、海外でPh.D.を取るということです。これは神学部だけの問題ではなく、他の分野でも同様です。

ただし、同志社神学部の出身者が研究者になるには、国内のポストは限られます。神学プロパーのポストがあるのは、同志社の他に関西学院と西南学院、東京神学大学だけ。

ということは、もし神学の研究者になるなら、外国語が抜群にできるようになって、二つ目の専門分野を持って日本国内の大学に就職するか、あるいは中国や東南アジア、インドのような、人口が急増している国で神学の教師のポストを見つけるのが現実的だということになります。いずれにせよ、高い外国語能力が求められます。

＊神学は国連でも活かされる

佐藤　外国語能力も含めて、高い専門性が求められる仕事の場は、海外にまで広げればたくさんあります。そのなかで、国連職員になる選択肢はこれから増えてくるかもしれません。

特に神学部生に有利なのは、クローン技術の急速な発展などによって、生命倫理と人権の問題が、これから重要になるからです。国連本体はもちろん、WHOやユネスコ、ユニセフなど、懸案は山積しています。

国連職員になるには、カチッとした採用試験はありません。ただし、最低でもMA（修士）が必須で、できればPh.D.があるといい。MAを取って同志社関連の学校や公立学校で英語教師の職歴があるというのも、受験資格として十分なキャリアになります。

日本は国連分担金がアメリカに次いで世界第二位なのに、その割に職員は少ない。

国連は分担金に応じて採用人数を決めるので、国連職員は株式になぞらえればすごく「買い」です。年収は五〇〇万から一〇〇〇万円。そして一定の研鑽《けんさん》を積んで、それをベースにPh.D.でも取れば、そのキャリアを引っさげて日本の大学にポストを得ることも十分可能です。

将来国連で働くことを考える人は、英語はもちろんですが、今からフランス語を始めてください。国連公用語はいくつかあるけど、そのうち英語とフランス語は特別扱いです。基本的にフランス語でのやり取りには通訳はつきません。これが日本人が国連に行ったときの、最大のハンデになっています。

テクニカルなことをいえば、修士論文のテーマは戦略的に考えて下さい。「宗教紛争と国際法」や「宗教間対話による平和の構築」など、神学部でやっているテーマと国際関係を絡めた修士論文を書けば、学位は神学であっても、国際関係の論文としても認められます。これは一挙両得だからハイブリッドなテーマを選ぶことも大事です。その上で、担当の指導教授とよく相談して、キリスト教関連学会に入れてもらって、学会発表をし、大学紀要に論文が掲載されれば業績にもなります。こうした業績は、国連に就職するときに有利に働きます。

ますね。

＊留学は「今でしょ！」より戦略的に

佐藤　学生の皆さんが自分の進路を考えるとき、必ずぶちあたる壁に留学があります。

理由はさまざまです。研究領域を広げたいから、語学の勉強をしたいから、さらには何を学んだらいいのかを探したいからとか、人それぞれの動機はあるでしょう。なかでも、研究者を目指す人たちには、より切実な問題ですよね。

しかし私が思うに、留学には、その目的にとっての最善のタイミングがあるはずです。あまり早く留学してはダメだと考えています。私の体験を例に、留学と語学学習法について語っていきたいと思います。

少なくとも最低限の語学力を身につけてから海外へ出ないと、単なる物見遊山で終わってしまいます。学部時代に留学へ出ることには慎重になったほうがいい。「今すぐいきたい」という衝動があっても、まずは冷静に考えてみて下さい。

もし皆さんの中でチェコに関心があって、チェコに留学したいとか、チェコの神学者、フロマートカを研究したいという人がいたら、私は躊躇《ちゅうちょ》なく止めます。専門がチェコ神学である私がなぜ止めるのか、といえば、答えは簡単。「チェコ語では食っていけない」うえに、チェコ語の習得には厖大《ぼうだい》な時間がかかります。少なく見積もって五年。それだけの時間と労力と、さらに経済力をかけるのならば、スイスの神学者、カール・バルトを専攻したほうがいいと勧めます。カール・バルト研究のほうが学会や世間の関心も高いし、いわゆる「市場のニーズ」もあります。英語とドイツ語をマスターすれば研究は可能で、語学そのものの汎用性も高い。その結果、留学先の受け皿も広がるのです。

＊モスクワでロシア語が上達できないワケとは

佐藤　ご存知のように、私は学生時代からチェコ神学に関心があって、いつかチェコに留学したいと考えていました。しかし、大学院を終えたあと、偶然のようにして外務省に入ったのですが、結果としてはこれが非常に良かったと、いまにして思います。

外務省というところは、入省して本省にいる一～二年は、本当に人を鬼のようにこき使う組織です。いまならさしずめ超ブラック企業ですね。ところがその後は、二年から三年、完全に実務から離れて、海外研修に出してくれる。その間は、学位論文も書かなくていい、語学だけ覚えればいい。しかも本俸とは別に、地域によって月額四〇万円から七〇万円ものお小遣いをもらいながら勉強できる、非常に恵まれた環境におかれるのです。

じつは私が勉強のしかたを本格的に覚えたのは、この二年間でした。

ふり返れば、それまでは問題意識が先行していたんですね。学生時代にはドイツ語を相当時間をかけて勉強したつもりでしたが、身につかなかった。なぜかというと、大学の第二外国語で使う薄っぺらいドイツ語の問題集を一冊やっただけだから、文法の知識が不足していたんですね。そのあとは独学で辞書を引きながら、力業で言葉と言葉をつなげてドイツ語の原典を読んでいたのです。だから学術的なことか、いろいろ思いついても、それを十分に扱える道具としてドイツ語が機能しなかったんですね。

その点、外務省の研修所に入ってまず驚いたのは、徹底した語学の専門学習でした。私たちロシア語専攻者は、東京外国語大学でロシア語専攻の学生が三年間かけて学んだ内容を、わずか四カ月でマスターしなければならないのです。毎日課題に追われて血を吐くような思いの四カ月が過ぎ去ると、そのあと、ロシア語を勉強するためにまずアメリカかイギリスに海外研修に行けと言われる。そのとき私は「最初からモスクワ大学で本格的に二年間勉強したい」と言ったのですが、それは次のような理由で却下されます。

「きみのロシア語力は非常に中途半端だ。モスクワに行って、やれないこともないかもしれないが、高度な通訳能力は身に付かない可能性がある」

なぜかというと、モスクワ大学では、ロシア語が下手になる特別のコースがあって、資本主義国の外交官はそこに全員入れられるシステムになっている。「資本主義国の外交官は全員、スパイである」と言ったのはレーニンだけど、スパイ活動をさせないようにするには、語学ができないのが一番いい。だから、英語でいうとABCから始める初級コースや、中級コースには入れなくて、極端に難しいクラスにしか入れてくれない。ロシア語の授業についていけない状態のなか、ロシア語力を極力つけさせないことを国家目標としてやっているんだ――こう説明されては、頷くしかありません。

そうなると選択肢は二つです。一つはアメリカ・カリフォルニアのモントレーにある陸軍語学学校。第二次大戦のときには、日本語専門の米兵を養成するためにも使われた、敵国語を習得させて戦争に生かすDLI（国防語学学校）です。ここの教育は基本的にマンツーマンで、競争がない。ちなみに私の家内は外務省の後輩なんだけど、この学校に行った。もう一つが、イギリスのバッキンガムシャー州にある英国陸軍語学学校。これはベーコンズフィールドという、エドマンド・バークの墓がある町に設けられています。

私に「モスクワはやめろ」と忠告してくれたのは外務省の先輩で、ロシア語の達人です。総理や天皇のロシア語通訳もこなすその人が言うには、「絶対にイギリスかアメリカに行け」と。彼がロシア語研修を受けた当時は、まだイギリス・アメリカの体制が整備されていなかったので、専門家はみんなモスクワに直送されたんだけど、その扱いはまさに先ほど言ったような惨状だったんですね。

＊80点でも赤点を食らうスパルタ英語学校

佐藤　ただし、その人の言葉の裏には別のメッセージもこめられていました。彼はこう言っていました。

「今回の研修でイギリスかアメリカに行かないと、その後英語を勉強する機会がないぞ。外務省に入る奴らは一応英語は良くできるという前提で、入省後は自力で努力すればいいと考えている。だが実際には、実務に忙殺されて、英語を勉強する機会なんかつくれない。だから、イギリスかアメリカに研修留学しておけば、英語に対する恐怖症やアレルギーがなくなる。この体験は外務省で生きていくために非常に重要だから、多少ロシア語の勉強が犠牲になっても英語圏に行ったほうがいい」

結局、私はその尊敬する先輩のアドバイスに従って、イギリスに留学したわけです。そして、その先輩が言うとおり、その後英語を勉強する機会はなかったから、このイギリス留学は正解でした。

当時私は、ロシア語を一刻も早く身につけたいから、英国陸軍語学学校に入学する前に、夏休みはロンドン大学のスラブ東欧学研究所付属ロシア語学校か、フランスのパリ郊外にある亡命ロシア人たちのロシア村でロシア語の研修をしたいと申し出ましたが、これも却下されて、バッキンガムシャーにあるＥＪＥＦという英語学校行きを命じられた。ここは、当時で授業料だけで一週間に約四万円もします。なんでこんな高額な授業料のところに行かないとならないのか、他の語学学校はどうかと聞いたら、ダメだという。結局そこに不承不承通うはめになったんだけど、今ふり返ると、ここでの英語学習は身について、非常に良かったと感謝しています。

ここは日本人専門の語学学校で、通っているのは商社員、外交官といった人と、あと富裕層の子どもたち。その人たちをターゲットにして、各々の目標に合わせた形の英語力を、徹底的な詰め込み方式で教えていく。まず個々人の能力を測定して、その人間ができることの二割増しくらいの内容を個別に課す。その間は、イギリスの中流家庭にホームステイしながら学校に通うわけです。ここで英語の勉強をきちんとやり直したことが、後に非常にプラスになったのは間違いありません。もっとも、それだけ金のかかる学校は、もし私が自費で留学するならば選ばないけどね（笑）。

この英語研修を経て、今度はロシア語習得のために、英国陸軍語学学校に通いました。ここのカリキュラムははっきりしていて完全なスパルタ式でした。

最初の七カ月でロシア語の基礎を完全にマスターさせる。毎日、二五～二七の単語を覚えて、五～七のフレーズを覚えなければいけない。かなりのハイペースだけど、十日に一回、「バッファーデー」というのがある。バッファー（buffer）とは、英語の軍事用語で緩衝地帯のこと。つまり、その日は課程を一切進めないで、復習だけをやる。日々の授業に遅れをとった人は、ここで取り戻してついて行けるようにするわけ。この方法は皆さんにも有用です。単語試験は週に一度あって、八五点以下を二回取ると「呼び出し」、三回目になると「退学」。文法の試験は一カ月に一回あって、八〇点以下だと、これは一回で退学。こんなに厳しい学校は、他にはまずありません。

それだから、最初三十人ぐらいのクラスが、一カ月半ぐらいで二十二人に減った。つまり八人は退学になったわけですが、退学者に学校側はこう説明するわけです。

「これは、あなたの能力を否定するものではありません。わが校が組んでいる最良のプログラムをあなたが消化できないということは、あなたの適性は外国語を勉強する方向にはないようです。少なくともロシア語を勉強する適性はありません。だから、これ以上固執してもあなた自身にとっても意味がないし、またイギリス軍にとってもプラスになりません。だからここは退学して、別の道を進んだほうがいい」

ドライで厳しい意見だと思うかもしれないけれど、実はその通りなのです。日本の外務省から留学したはいいけど、退学になった人もいます。ただ私は、イギリス人になめられるのは御免だ、名誉と尊厳を持って生活し続けるためには成績が良くないとダメだと思って、石にかじりつくつもりで必死でやったから、二番で卒業できました。

こうしてイギリスでの研修を終えて、やっとモスクワ大学に行くことになるのですが、聞いていた通りで、選択の幅が狭いんです。モスクワ大学の言語学部（日本の文学部にあたるところ）のなかの、人文系外国人ロシア語コースというところ以外の授業は取れません。私のクラスは私とシリア人、東ドイツ人、ブルガリア人、ノルウェー人に、もう一人日本人がいて、六人のクラスでした。そのうちノルウェー人はノルウェー共産党の人間で、もう一人いた日本人は、日本共産党中央委員会機関紙『赤旗』からの派遣でした。

自由討論もやったけど、最初から結論ありきで、全然「自由」じゃありません。たとえば、イラン・コントラ疑惑に関連するアメリカ帝国主義の欺瞞的な姿勢と、それに対して戦う世界の人民の闘争について、というテーマだと、「討論のメンバーには、アメリカの同盟国である日本のやつがいるが、日本はこの欺瞞的なアメリカの政策を支援している。アメリカは表ではイランと国交を断絶しながら、裏でCIAが武器を売って、そのカネでニカラグアのコントラを支援して、サンディニスタ政権の転覆を図っているじゃないか。国際法も何も無視の、そんな国と同盟関係を結んでソビエトに敵対する日本はけしからん」と、みんなでよってたかって、赤旗のやつも一緒になって、こっちにケンカを売ってくる。私は別に日本国なり日本外務省を代表しているわけではないけれど、毎回授業でいじめられるのです。

魂胆は明白で、とにかく嫌気を起こさせて学校に来なくさせようという腹なのです。大体のことには耐えられる私も、さすがに四回ぐらいで嫌になった。こうして他の人たちも教室から遠ざかるわけだから、大学の思惑どおりなわけだね。

*「科学的無神論学科」と「ソ連式論文の書き方」

佐藤 大学に来なくなった留学生たちは大抵は家庭教師につくのですが、私は彼らとは違う行動をとりました。言語学部の外国人ロシア語コースからは遠ざかったけれど、「哲学部の中にきっと自分の関心領域と重なるところがあるだろう」と大学内を探したところ、科学的無神論学科というのを見つけたんです。ここは、「神様はいないということを科学的に研究する」と称する学科です。ところがテーマを見てみると、「ブルトマンの非神話化の構造について」とか「パネンベルクの下からのキリスト論についての一考察」とかで、これはまるで組織神学そのものなんですね。実際に行ってみたら、生徒はみんな隠れキリスト教徒で、先生の半分は洗礼を受けている。看板には「科学的無神論」を掲げているけど、実際は「宗教学」と「神学」をやっている。ああ、ここだったら息継ぎができると、ホッとしました。

そこの同級生たちはその後、エリツィン政権の中枢に入ったり、バルト独立運動をやったりしたから、私としては人脈をつくるよいきっかけにもなりました。

ここで役立ったのは、同級生から「ソ連式論文の書き方」を伝授されたことです。それは、どんなテーマを扱うにせよ、構成上まずは、最近の党の決定とゴルバチョフの発言と、レーニン全集とマルクス・エンゲルス全集を持ってくること。

たとえばハーバーマスの『公共性の構造転換』について扱うとするとしましょう。そしたら、「資本主義社会はますます矛盾を極めている。それはレーニンがこう書いている通りだ」とレーニン全集から引用し、次いで「そういう状況においては、イデオロギー闘争はますます尖鋭化して、複雑な形態をとるとゴルバチョフが党大会で述べている」と引用する。「そのうちの一つが、フランクフルト学派。マルクスの言説の一部を使いながら、現在の体制の延命を図る学説であって、とんでもない学説である。このようなふざけた学説がこの世の中にあること自体、深刻な問題であるから、これについて研究する必要がある」と序文に書くわけ。そして第一章から第五章までは、公共性の構造転換について、学術的に正確に説明する。そして最後に、「ここまで書いてきたことから明らかなように、取るに足らないブルジョワ思想である。そのようなものが死滅するのは時間の問題であり、科学的共産主義の勝利に我々はいささかの疑いも持っていない」と結ぶ。論理的にみれば、これは全くちぐはぐな結論になるわけだけど、これが「正しい書き方」だ、と（笑）。

要するにソ連で禁止されている思想を伝えるためには、真ん中にそれを書いて、前後は適当に、いわば〝ソ連の常識〟を書いて包んでしまう。それでイデオロギー的にはOKという形にしてしまう。もちろんこんな「論文の書き方」は国際的には通用しません。しかし、だからこそ逆に抜群に面白く、モスクワ大学哲学部は知的に活性化していたんですね。このソビエト時代末期とロシア初期に私は立ち会って、もう一つの青春を送ることができました。

これには後日談があって、ソ連崩壊の翌年一九九二年に、科学的無神論学科のヤブロコフ主任教授から電話をもらいました。かつての「科学的無神論学科」は「宗教史宗教哲学科」に改称されていましたが、そこで教鞭をとってくれないかという誘いです。教授曰く、「第一次世界大戦終結までは文献もあるし、いろんな研究成果も残っているけれど、その後プロテスタント関連の文献や研究成果が全部禁書扱いになってしまったので、ゴルバチョフが出てくる一九八〇年代の後半までの期間は、ロシア国内では知識が完全に欠落しているんだ」と。

「一九一〇年代末から一九三〇年代までのドイツとスイスのプロテスタント神学の

動静に通じているのは、いまモスクワにはお前しかいない。だから、講義してくれ」というのです。

もちろん西側の学者、研究者もロシアにいないことはありません。しかし、彼らはソ連時代の教育の実情を知らない。それまでどういう教育が行われて、どういう基本的な知識が欠けているかという事情に通じていないから、講義するのは難しい。ならばと一肌脱いだわけだけど、ついでにチェコの神学もやらせてくれと言ったらOKとなった。結局、九二年から九五年まで、モスクワ大学で教鞭をとりました。これが私にとっての初めての教師体験となったんですね。

こうしてふり返ってみると、私の留学体験は、皆さんの目にはどう映りましたか？　当初は意に沿わない形だったかもしれないけれど、結果的にはいまの「佐藤優」があるのは、この留学のおかげです。最初からモスクワ大学に留学していたら、ヤブロコフ教授とも出会えなかったかもしれません。チェコ神学の勉強に再度とりくむこともなかったかもしれない。

そしてそもそも学生時代にチェコ留学していたら、現在のような活動さえしていなかったかもしれません。留学機会の折々に、様々なアドバイスがあったおかげですね。

＊翻訳のあるものはすべて日本語でよい

佐藤　さて、キリスト教の基本をおさえるために、今日は新しい資料を読みましょう。これはヘンリー・ベッテンソン『キリスト教文書資料集』(聖書図書刊行会)ですが、この元々の資料は『キリスト教会の基本文集』としてオックスフォード大学出版局から出ている、国際的な標準ともいえる基本文献で、定評のある資料集なんです。翻訳も一定のレベルの内容です。

ちょっと脱線するけれど、よく他人の翻訳に文句をつける人がいますね。ただ、他人の翻訳に文句をつけるのは簡単で、自分で訳す場合の十分の一ぐらいの力でできる。

よく初学者が、翻訳に問題があるから原書オリジナルで読むとか言っているけれども、それは意味ない。日本語の翻訳があるものは全部、日本語で読んだらいい。ただし、翻訳を読んでいて意味が取りにくかったり、日本語でよくわからない言葉があることも事実。そんなときは翻訳がずれているかもしれないので、そのときに初めて原語を参照すればいい。

さて、この資料に「ニカヤ信条」というのが出てきますね（『キリスト教文書資料集』54～55頁）。最近では「ニカイア・コンスタンチノポリス信条」と称されますが、これを読み進める前に、基本的なおさらいをしましょう。

そもそもキリスト教の信条とは何だろう？

これをちゃんと知っておかないと、いくら聖書を覚えようが、神学のテキストを読み込もうが、ダメ。自動車になぞらえれば、ドライビングテクニックはあっても、そもそも無免許運転ということに陥ってしまいます。

信条が難しいのはなぜかというと、自分がどういう宗教を信じているか表明する局面は、違う言説と対峙《たいじ》するときだから。同じ信条を持っているもの同士が集う場なら、そんなことをする必要はありません。たとえば普通、宗教では、イエス・キリストは素晴らしい人だったと、どんどん祭り上げられていく。ところが一方で、キリスト教には常にそれを引き下ろす力がある。それはなぜか？

われわれはみんな、罪を負っています。神様が人間とあまりにも離れていたら、いったい私たちをどうやって救ってくれるのか、そもそも救いの保証はあるのか？その時に必要になるのが媒介項であって、キリスト教においてはそれがイエス・キリストです。

キリスト教系の人とイスラム教系の人との一番の違いは、その媒介項を持っているか、いないかです。かりにここがイスラム法学院ならば、一〇分遅刻してきた人間はなんて言うだろう？　たぶん「アッラーを恨むな」だよね。つまり、私が遅れたのは、アッラーが遅れるようにしたんだから文句は言うな、と返答するでしょう。またイスラム教の人たちは、自らの救いに関して媒介がないから、絶対に救われると確信している。

ところで、この教室にイスラム教を専攻している人がいたね。イスラム教では、最後の審判における基準はどうなっていた？

学生　過去の行ないの善いことと悪いことを天秤にかけて、善悪をはかります。

佐藤　そうだね。天秤が少しでも善い方に振れれば、救われる。逆に悪い方に振れれば、地獄、つまりゲヘナ行きだね。

この最後の審判というテロス（目的）を持っているのは、キリスト教もイスラム教もユダヤ教も一緒だよね。ただ最後の審判の基準が違う。じゃあキリスト教はというと、救われるか否かのときに、過去の行ないの善悪は関係がないんだ。善いことをしたから救われるとも限らないし、悪いことをしたから救われないかどうかもわからない。ここが面倒なところなのです。

ただ、キリスト教の中でも教派によって差はあって、異論もあります。カトリックは善し悪しが少々関係あって、お金を払うことによって、キリスト教徒でない先祖も救われる可能性が増えてくる。ウェスレー系の人たちやクウェーカー教の人たちも「清い心」のような言葉で、立派な人は救われると言うことが多い。

それに対してカルヴァン系は、人間の行動は関係なくて、そもそも生まれる前から、救われる人と滅びる人が決まっているとしている。ただ、カルヴァン派的に言えば、たとえば同志社の神学部に入ってきたというだけで救われる一つの兆候であるのは間違いないということになるし、とりわけこういった講義に集まってくる人は、もうあらかじめ救いが決まっている、と。だから理屈を超えて、自分たちは完全に救われているという確信のもとに、いかに神の栄光のために自分の持っている能力を使うかが問題になるのです。

ただ、そうはいっても、「本当に救われているんだろうか」という不安はつねに付きまといます。その不安を打ち消すために行動する。そこから先がプロテスタントとカトリックで異なってくる。カトリックの場合、救済は「信仰」と「行為」によりますが、プロテスタントは「信仰」のみ。それは信仰さえ持っていれば行為は問わないという意味では全然ない。信仰があればすぐ行為になるから、「信仰即行為」で、何か行為をする人は、それが信仰を持っている証になるのです。「信仰と行為」という形で、「と」「and」で並列的につなげるという発想自体を拒否しているのですね。

だからセクハラやパワハラの体質がある人がいるとすれば、その人の信仰自体に問題があると考えるわけ。信仰があれば、それは行動に表れるとするのがプロテスタントの考え方です。

＊論争の敗者は殲滅される

佐藤　では、その信条の変遷を見ていきます。これが、われわれが一緒に読み込んだ日本基督教団の信仰告白にある使徒信条の原型です。日本基督教団の使徒信条が成立した時期は一九五四年と遅いんだけど、その原型はすごく古い。まず、「古ローマ信条」を読んでください。

学生　〈a．古ローマ信条〔エピファニウス、lxxii.3（「ギリシャ教父神学」P.G.xlii385D）。紀元３４０年頃にローマの監督ユリウスに送達された、アンカラの監督マルケルスの信条。マルケルスは、アリウス派の影響のために自分の管轄区を追放され、2年近くローマで日をおくった。その地を去るにあたって彼は、この自分の信仰の陳述を残したのである。〉（同、51頁）

佐藤　「ギリシャ教父神学」というのは十九世紀にできた全集で、日本では数少ないけど、同志社神学部の図書館には全巻入っているから、一回覗いてみたらいいと思う。

ここに「アリウス派」って出てきたんだけども、アリウス派って何？

学生　イエスが単なる人であると主張した人たち？

佐藤　そうかな？

この当時、父なる神と子なる神（キリスト）の関係をめぐって論争が展開されていました。父と子が同一の本質を持つと考えるアタナシウス派と、父の方が勝っていると考えるアリウス派が対立していた、とされています。このアリウス派の考え方ではホモウシオス（父と子が同一の本質であること）を認めません。この論争はアタナシウス派が勝利した結果、アリウス派は徹底的に殲滅されました。そのため、実際にアリウス派がどんな主張をしていたのかを正確に検証することができないのです。

ここで理解してほしいのは、キリスト教の論争の特徴は、相手を殲滅してしまうことです。その結果、敗者側の文書は全部消し去ってしまうので、後になって検証ができない。勝者の視点からしか歴史が見えない仕組みになってしまった、ということですね。では、先に行きましょう。

学生 〈アクイレアの司祭ルフィヌスは、その「信条講解」*Expositio in Symbolum* 400年頃、(「ラテン教父神学」*P.L.*xxi.335B)の中で、エルサレムで使徒たちが作った信仰基準として彼が信じ、ローマの教会ではバプテスマの際の信条として使われていたローマの信条と、アクイレアの信条とを比較している。この信条とマルケルスのものとは、細部に小さな相違があるだけである〉。

1. 我は全能の神〔ルフィヌス、全能の父〕を信ず。
2. 我はその独り子、我らの主、キリスト・イエスを信ず。
3. 主は聖霊と処女マリヤとより生まれ、
4. ポンテオ・ピラトのもとに十字架につけられ、葬られ、
5. 三日目に死人のうちよりよみがえり、
6. 天にのぼり、
7. 父なる神の右に座したもう、
8. かしこより来りて生ける者と死ねる者とを審きたまわん。

9. 我は聖霊を信ず、
10. 聖なる教会、
11. 罪の赦し、
12. 身体のよみがえり、
13. 永遠の生命を信ず。〔ルフィヌスはこれを省いている〕。〉（同前）

佐藤　洗礼のときに、あなたは何を信じていますか？　と聞く儀式があって、それが信条に発展してきたという感じがしますね。キリスト教の初期、古代のローマにおける感覚を、この信条からは窺い知ることができます。

次に「第6世紀のゴール信条」を見てみよう。

学生　〈〔アールズの監督（503—43年）カイザリウスの説教（偽アウグスティヌス、244年）からの抜粋〕

1. 我は全能の父なる神を信ず。
2. 我はまたその独り子、我らの主、イエス・キリストを信ず。
3. 主は聖霊によりてやどり、処女マリヤより生まれ、
4. ポンテオ・ピラトのもとに苦しみを受け、十字架につけられ、死にて葬られ、陰府にくだり、

5. 三日目によみがえり、
6. 天にのぼり、
7. 父なる神の右に座したまえり、
8. かしこより来たりて生ける者と死ねる者とを審きたまわん
9. 我は聖霊を信ず、
10. 聖なる公同の教会、聖徒の交わり、
11. 罪の赦し、
12. 身体のよみがえり、永遠の生命を信ず。

〈今日、使徒信条として知られている信条の全体を含んだものは、*Dicta Abbatis Pirminii de singulis libris canoni is scarapsus*(i.q. excarpsus, excerpt), ７５０年頃、に始めて出てくる」。〉(同、52頁)

佐藤　使徒信条が唱えられるようになったのは、八世紀の七五〇年頃と、意外と新しいんです。また使徒信条をよく唱えるのは、プロテスタント教会です。カトリックもときどき唱えるけど、正教会ではほとんど唱えない。正教会の礼拝に出ていると、「あれ？　使徒信条がでてこないな」と思う。その代わりニカイア・コンスタンチノポリス信条はよく出てきます。

＊信条にみるキリスト教の強さの源

佐藤　最後はニカイア信条です。これは三回ほど変遷して、最終的には三八一年のコンスタンチノポリス会議でまとまりましたが、最初に行われた三二五年のニカイア会議の考えはそのまま維持されているので、キリスト教の世界ではニカイア信条という場合が多い。逆に歴史家は、コンスタンチノポリス信条といいます。テキストは「ニカヤ信条」となっていますが、ニカイア信条と同じことです。

学生　〈a．カイザリヤ信条

［ニカヤ会議（325年）において、歴史家であったカイザリヤのエウセビウスは、彼の教会の信条を採用するようにと提案した。それは、次のようなものであった］。

我らは、すべての見えるものと見えざるものとの創造者にして、すべての主権をもちたもう父なる、唯一の神を信ず。

我らは、唯一の主イエス・キリストを信ず。主は神の言、神よりの神、光よりの光、生命よりの生命、生まれたまいしひとり子、万世の前に父より生まれ、すべての造られし物の先に生まれたまえる者にして、万物もまた彼によりて造られたり。

主は我らの救いのために肉体を受け人々のうちに住み、苦しみを受け、三日目によみがえり、父の御許にのぼりたまえり。主は生ける者と死ねる者とを審くために栄光のうちに再び来たりたまわん。

我らはまた、唯一の聖霊を信ず。

b. ニカヤ信条

〔エウセビウスの信条は、正統的ではあったが、アリウス派の立場と明確に対決していなかった。彼の信条は基盤として取り上げられ、会議によって手を加えられて以下に掲げる形で発表された。（附加や変更は下線でこれを示す）〕。

我らは、すべての見ゆるものと見えざるものとの創造者にして、すべての主権をもちたもう父なる、唯一の神を信ず。

我らは、唯一の主イエス・キリストを信ず、主は父より生まれたまいし神の御子、ひとり子、すなわち、父の本質より生まれたまいし者、神よりの神、光よりの光、真の神よりの真の神、造られずして生まれ、御父と本質を一つにし、天にあるものも地にあるものも、万物彼によりて造られたり。主は我ら人類のために又我らの救いのために下り肉体を受け人となり苦しみを受け、三日目によみがえり、天にのぼりたまえり。主は生ける者と死ぬる者とを審くために来たりたもう。

我らは聖霊を信ず。
「主の存在したまわざりし時あり」、
「生まれざりし前には存在したまわれず」、
また、「存在せぬものより生まれたまいたり」と言う者、
あるいは、神の御子は、「異なる存在、もしくは本質より成るもの」、
または、「造られしもの」、
または、「変わり得るもの」、
または、「変え得るもの」と主張する人々、
かかる者らを公同なる使徒的教会はのろうべし。〉（同、52～54頁）

佐藤　このbの信条は、呪いの言葉で結ばれていて、下品ですね。それゆえに改定されて、次に読む最終形の信条が出来上がるのですが、実はこのbの信条の文言は論点が明確なので重要です。キリストはつくられたものであるとか、変りうるもの、あるいはキリストが生まれる前にはキリストはいなかったというような考え方は、受け容れられない。そんなことを言う奴らは火炙《ひあぶ》りだ、という発想の源泉はここにあるわけです。

ただ、そうした言説がなぜ受け容れられなかったのかは簡単には説明できません

が、これらの言説が合理的である、ということに留意してほしい。

じつはキリスト教には合理的でないことが多々あることに気付いてほしいんです。たとえば、神は「父なる神・子なる神・聖霊なる神」の三一論《さんいつ》（三位一体論）の考え方ですね。

同じ一神教でも、ユダヤ教やイスラム教が、ヤハウェ、アッラーをそれぞれ唯一神とするのとは異なります。

また、イエスという男が一世紀のエルサレムに生きていたのか？　これを実証的に研究するのが「史的イエスの探究」ですが、十九世紀末に出たその結論は「実在したとも、実在しなかったとも証明できない」という袋小路に陥ったのでしたね。そしてそもそも、信仰の核心である救い主・イエスは、はたして神なのか、人なのか？

他の宗教であるならば、揺るぎなき絶対的な根本部分が、キリスト教においては非常に曖昧《あいまい》なんです。逆にいえば、いい加減で曖昧な部分があることが、キリスト教の強さの源でもあるのです。だからこそ信者を惹きつけられたのです。

キリスト教神学の歴史をみれば、論理的整合性を求めていくと、その教派や主張は異端だとして排除され、殲滅されていくのです。

では、現在も教会で使われている、完成形のニカイア信条を読んでみましょう。

学生　〈我らは、天と地と、すべての見えるものと見えざるものとの創造者にして、すべての主権をもちたもう父なる、唯一の神を信ず。

我らは唯一の主イエス・キリストを信ず。主は神のひとり子、万世のさきに御父より生まれたるもの、光よりの光、真の神よりの真の神、造られずして生まれ、御父と本質を一つにし、万物は彼によりて造られたり。主は我ら人類のため、また我らの救いのために天より降り、聖霊によりて処女マリヤより肉体を受けて人となり、我らのためポンテオ・ピラトの下に十字架につけられ、苦しみを受け、葬られ、聖書に応じて三日目によみがえり、天にのぼり、御父の右に座したもう。主は生ける者と死ぬる者とを審くために栄光をもって再び来りたもう。その国は終ることなかるべし。

我らは、主にしてかつ生命を与えるものなる聖霊を信ず。聖霊は御父より出で、御父と御子とともに礼拝せられ、ともに栄光を帰せられたもう。また聖霊は、預言者たちによりて語りたまえり。

我らは、使徒よりの、唯一の聖なる公同教会を信ず。

我らは、罪の赦しのための唯一のバプテスマを信じ認む。

我らは、死ねる者の復活と、来たるべき世の生命とを待ち望む。アーメン〉

佐藤　これが四五一年のカルケドン会議でも承認された信条の全文です。

＊小説を読めば人生を先取りできる

佐藤　今日はニカイア信条を読むことで、キリスト教の信仰について学びましたが、視点を変えて、根本的な質問をしますね。そもそも「なぜ、私たちは勉強をしなければならないのか」？　皆さん、どう考えているか、率直に聞かせてください。

学生A　社会に出てから生きていく術《すべ》をみつけるため。

佐藤　ＯＫ。つまり、勉強することを通して、重要な技法（テクネー）を身につけることだよね。他には？

学生B　知らないことを、知るため。

佐藤　なるほど。Ｃさんは？

学生C　自分がより良い人生を生きるために。

佐藤　いまの三つの答えは、全部、正しいと思う。それでは、こう問い直そう。

「なぜ、私たちは大学で勉強をしているのか」？

私はこう思う。大学で勉強することの意味とは、やはり「インテリ、知識人になるため」なのです。もう少し具体的にいえば、「自分が置かれている社会的な位置を客観的に認識することができて、それを言語で表現することができる」ということ。その訓練をするのが大学だと思う。

そこにおいては、教養（エピステーメー）と技法（テクネー）の両面がある。その両方を身につけることにおいて、自分がいる位置を知る。インテリというのは、やっぱり一つの階級です。別の言い方をするなら、読書人階級。つまり、日常的に読書をしている人たちのことを指す。

経済状態や社会的な知名度などは、各々みんな違うはずです。ただ、そのインテリ、知識人の間では、論理とか情報とか教養などで共通のツールを持っているから、みんな一応そのツールを使ってコミュニケーションをとれるはずです。立場は違っても、議論はできるはずだし、少なくとも相手の言っていることを、理解することはできるはずなの。

その点では、読書人階級にあるならば、学生と教師が議論をすることもできる。どんなに年齢が違おうとも、共通の土台の上で、互いの意見を尊重しあいながら意見交換することもできる。

また、かつては社会的な発言をするには、新聞や雑誌などの既存の活字メディアを通してしか行なえなかったので、そうしたメディアに登場できるのは限られた人間だけでした。しかし、いまやインターネットメディアの登場で事情は変りましたね。ネットフォーラム上では、市井の人でも議論に参加できるようになっていますね。もちろん、ネット上の発言には玉石混淆ありますが、きちんとした議論が行なわれている場もある。これは、やはり参加者がインテリとして共通言語を理解しあえるからですね。

だから皆さんは大学で学ぶ間に、確固たる読書人になってほしい。読書といっても、幅は広い。専門や関心の向き方が各々違うだろうから、社会科学の本を耽読する人もいるだろうし、数学的なアプローチに関心が向く人もいるでしょう。

ただ私が、皆さんが学生時代に一番やってほしいことは、文学的アプローチ。つまり、小説をよく読んでほしい、ということです。

人生には様々なことが起こりうる。それを全部、自分で体験していると取り返しのつかなくなるような場合は、いくつもある。結婚と離婚、就職と退職、事件や事故に巻き込まれたり、私の場合など逮捕と勾留まで……こんな大事《おおごと》でなくても、日々の生活のなかで抱える悩みや葛藤も含めて、これまで考えもしなかったことに直面するのが人生です。

小説を読む、ということは、こうした人生の諸事を代理体験することなんです。その結果、良い小説を読むことによって、人生がすごく豊かになる。また、小説を読むのは楽しいという習慣が学生時代に身についていないと、就職してからでは日々の忙しさに追われて、小説をたくさん読むことはできなくなってしまう。特に長編小説なんかは、手が出なくなる。

その時に気をつけるべきは、小説にも読んで行く順番がある、ということ。たとえばドストエフスキーを読んで面白いと思うようになるには、背景として一定のキリスト教の知識がないといけない。もし歯応えがありすぎて、まだ咀嚼《そしやく》できないと思ったら、キリスト教の知識を復習してから、もう一度チャレンジすればいい。

ある人はフローベールを読んで面白いと思うし、別の人はギリシャの古典劇が面白いと感じる。人それぞれのバックグラウンドの知識によってだいぶ変ってくるわけ。自分の知らないことに気づかせてくれるのも、読書の効用の一つかもしれませんね。

文学部以外の授業では小説を素材にしたストレートな文芸批評はやらないかもし

れないけれども、仲間同士で小説を読んで議論して、未知の作品に出会ってまた読み進めていくというのは、実は知識人となる上ですごく重要です。

小説や映画をいろいろと紹介するのは、皆さんに一歩でも二歩でも、知識人の階段を上がってほしいと思っているからなのです。

＊批判的レポートの書き方

佐藤　最後に、レポートの書き方について説明します。

ここでは形式的なことについていうと、参考文献から引用したり、要約して引いた部分については、文献名と当該箇所のページを注記するようにしてください。それゆえに、参考文献を明示することは必須ですね。

なぜそれが大事かというと、どこまでが他人の考えで、どこからが自分の考えかを区別するという習慣を、若いときからつけておく必要があるから。自分の考えを書いた文章と、他人の意見を紹介する部分とを、混然とさせたベタな書き方をしてはいけません。

学問においては、批判的なものの見方をすることは非常に重要です。いわゆる反証主義ですね。その場合、まずは対象を認識しないといけない。その対象を、どこまでどう認識しているかを明確にさせるためには、あるテキストを根拠にしたというなら、そこは括弧でくくって、どの本の何ページと書く。この習慣をつけておかないといけない。そうしないとあとで怖いことになるよ。

将来的に職業的な学者や作家になった場合、こうした曖昧な文章の書き方は絶対に認められない。修士論文や博士論文、紀要論文でも、これは同様です。これは知的所有権の問題で、どこまでがこの人の知的な財産かということをはっきりさせないと、盗作とか剽窃《ひょうせつ》となって断罪されてしまいます。STAP細胞の小保方さんではありませんが、論文取消し、ポスト剝奪《はくだつ》ということになりかねませんからね。

では、最後にお祈りをして、今回の授業を終わりにします。

「神様、あなたのお力によって、この五時間に及ぶ長い講義を終えることができました、感謝申し上げます。どうぞさまざま、あなたのお力によって、ここにいる若い私たちの友たちに、力を与え、勉強する勇気を与えてください。そして自分のことだけではなく、他人のために生きるということ、その大切さをわかる人になるよう、あなたの力を貸してください。このひとことの感謝と祈りを、貴きわれらが主、イエス・キリストの御名を通して、御前にお捧げします。

アーメン」

【佐藤先生から学生へのメール……小テスト得点に応じたアドバイス】

1．神学小テスト

A＋の人……R．A．クライン／C．ポルケ／M．ヴェンテ編『キリスト教神学の主要著作――オリゲネスからモルトマンまで』（教文館、二〇一三年）と佐藤敏夫他編『教義学講座』（全三巻、日本基督教団出版局、一九七〇～七四年）を読み進めてください。

A、A－の人……R．A．クライン／C．ポルケ／M．ヴェンテ編『キリスト教神学の主要著作――オリゲネスからモルトマンまで』（教文館、二〇一三年）を読み進めてください。

B＋、Bの人……八木谷涼子『なんでもわかるキリスト教大事典』（朝日文庫、二〇一二年）、カール・ホイシ『教会史概説』（新教出版社、一九六六年）をていねいに読んでください。

2．数学小テスト

評価は、第一回の小テストの結果も加味した上で行っています。なぜ私がみなさんに数学の重要性について強調するかについては、岡部恒治／西村和雄／戸瀬信之編『分数ができない大学生――21世紀の日本が危ない』（東洋経済新報社、一九九九年）、芳沢光雄『論理的に考え、書く力』（光文社新書、二〇一三年）を読んでいただくと、納得してもらえると思います。学部時代の時間的余裕を生かして、高校レベル、可能ならば経済学部、社会学部の教養課程レベルの数学力を神学部生にもつけてもらいたいです。

A＋の人……芳沢光雄『新体系・高校数学の教科書（上下二冊、講談社ブルーバックス、二〇一〇年）を精読し、練習問題も解いた上で、日本数学検定協会『実用数学技能検定過去問題集　準1級』（日本数学検定協会、二〇一四年）の問題をていねいに解くこと。

Aの人……芳沢光雄『新体系・高校数学の教科書（上下二冊、講談社ブルーバックス、二〇一〇年）を精読し、練習問題も解いた上で、日本数学検定協会『実用数学技能検定過去問題集　2級』（日本数学検定協会、二〇一四年）をていねいに解くこと。

A－の人……芳沢光雄『新体系・中学数学の教科書（上下二冊、講談社ブルーバックス、二〇一二年）を精読し、練習問題も解いた上で、日本数学検定協会『実用数学技能検定過去問題集　3級』（日本数学検定協会、二〇一四年）の問題をていねいに解くこと。

B＋の人……芳沢光雄『新体系・中学数学の教科書（上下二冊、講談社ブルーバックス、二〇一二年）を精読し、練習問題も解いた上で、日本数学検定協会『実用数学技能検定過去問題集　3級』（日本数学検定協会、二〇一四年）の問題をていねいに解くこと。

B－の人……芳沢光雄『新体系・中学数学の教科書（上下二冊、講談社ブルーバックス、二〇一二年）を精読し、練習問題も解いた上で、日本数学検定協会『実用数学技能検定過去問題集　4級』（日本数学検定協会、二〇一四年）の問題をていねいに解くこと。

芳沢光雄先生の中学数学の教科書の内容がまったく理解できない場合は、相談してください。もう少し易しい本を紹介します。

3．英語小テスト

英文を解釈する際には、時制を正確に理解し、訳し分けるように心がけてください。特に、現在・現在進行・現在完了・過去・過去完了・未来・未来完了を区別できるようにしておいてください。

それでは、今後の勉強の進め方について記します。

A＋の人……Raymond Murphy, English Grammar in Use Book with Answers and Interactive eBook: Self-Study Reference and Practice Book for Intermediate Learners of English, Cambridge University Press; 2015（イギリス英語を学習する人）

もしくは、

Grammar in Use Intermediate Student's Book with Answers and CD-ROM: Self-Study Reference and Practice for Students of North American English(Book & CD Rom), Cambridge University Press; 2009（アメリカ英語を学習する人）

を一カ月以内の短期間に終了し、

Martin Hewings, Advanced Grammar in Use with Answers: A Self-Study Reference and Practice Book for Advanced Learners of English, Cambridge University Press; 2013（イギリス英語を学習する人）

に進んでください。Hewings の演習書で高度な文法の知識をつけるとともに、

Hans Küng, Does God Exist?: An Answer for Today, Collins,London, 1980を読み進めてください。この本を一〇〇頁読めば、大学院神学研究科博士課程（後期）に入学できるレベルの英語力がつきます。この本（本文のみで七〇二頁）を精読すれば、神学英語は完成します。英米の大学院に留学しても大丈夫な水準になります。

Ａの人……Raymond Murphy, English Grammar in Use Book with Answers and Interactive eBook: Self-Study Reference and Practice Book for Intermediate Learners of English, Cambridge University Press; 2015（イギリス英語を学習する人）

もしくは、

Grammar in Use Intermediate Student's Book with Answers and CD-ROM: Self-Study Reference and Practice for Students of North American English(Book & CD Rom), Cambridge University Press; 2009（アメリカ英語を学習する人）

をていねいに勉強してください。並行して、

松本亨『英語学習者のためのキリスト教入門』（英友社、一九七八年）

でキリスト教関連の語彙を増やしてください。

A－の人……Raymond Murphy, Essential Grammar in Use with Answers: A Self-Study Reference and Practice Book for Elementary Learners of English, Cambridge University Press; 2015（イギリス英語を学習する人）

もしくは、

Raymond Murphy, Basic Grammar in Use Student's Book with Answers: Self-Study Reference and Practice for Students of North American English, Cambridge University Press; 2010（アメリカ英語を学習する人）

をていねいに勉強してください。

B＋の人……安河内哲也『安河内の「はじめてわかる」英文法――17日間スピード・レクチャー』（三省堂、一九九八年）

を暗唱するまでていねいに勉強した後、

レイモンド・マーフィー『マーフィーのケンブリッジ英文法（初級編）』（ケンブリッジ大学出版局、二〇一一年）に取り組んでください。

第3講

2016.7.23

悪魔のように勤勉に

佐藤　では三回目ですね。今日も、「主の祈り」「信仰告白」「讃美歌」「お祈り」をしてから授業に入りましょう。

＊テロ事件に学ぶこと

佐藤　今日はまず、この文章を皆さんで読んでもらいます。これは私が書いたばかりの『スポーツ報知』に掲載される原稿です。

学生〈『スポーツ報知』２０１６年7月24日（日）「月刊佐藤優　第四回　テロと日本」（仮題）

今月1日夜（日本時間2日未明）、バングラデシュの首都ダッカで、レストランが襲撃され、日本人7人を含む20人が死亡、多数の負傷者が発生した。これだけの数の日本人が犠牲になったテロ事件は、アルカイダ系の組織が引き起こした２０１３年のアルジェリア人質殺害事件以来だ。オザキ容疑者がこの事件にどのような関与をしたか、あるいはしていないかは、現時点で不詳であるが、バングラデシュ警察の指名手配リストに同人が含まれているというのは、深刻な事態だ。別の報道によると、オザキ容疑者は、今年1月から大学を無断欠勤していたので、立命館大学は3月に同容疑者を解雇したということだ。大学教師が3カ月間も失踪するというのは、尋常な事態ではない。この時点で立命館大学は、警察に相談をしたのだろうか。相談を受けたならば、国際テロリズムを担当する公安警察官ならばピンとくるはずだ。

オザキ容疑者がヒンズー教からイスラム教に改宗するにあたって、イスラム教に勧誘したメンター（思想的指導者）がいたはずだ。また、日本国内でオザキ容疑者が接触していた関係者について、徹底的に調査すれば、国際テロ組織との関係がどこかで出てくる可能性は十分あると思う。テロリストにとって、まだ社会経験を積んでおらず、純粋で正義感の強い学生は重要な標的だ。大学をテロリストの勧誘の場にしない対策を早急に立てる必要がある。〈2016年7月22日脱稿〉

佐藤　簡単に事件の概要をおさらいしておくと、今回被害にあった日本人は、いずれもＪＩＣＡ（国際協力機構）の調査協力で現地に赴いていた建設コンサルタントで、七名が亡くなり、一人が負傷しました。

今回はこの事件から、いくつかの深刻な問題を指摘してみたいと思います。まず一点目、この事件は、どういったタイミングで起きたか、判りますか？
学生　イスラム教のラマダンの時期です。
佐藤　そう。しかも、ラマダン明けの直前でした。ラマダンの期間中、イスラム教徒の生活は、どう変化する？
学生　日中は断食します。
佐藤　その通り。食事はおろか、厳格な人になると、唾も飲まないほどです。でも、日が沈んだら？
学生　食事ができるようになる。
佐藤　その食事をアラビア語で何ていう？
学生　イフタール。
佐藤　そうです。では統計的に、ラマダンの期間中の食料消費量って、普段と比べてどれぐらいになるか、知っている？
学生　増えるのかな？
佐藤　そう。それも約二倍になるんだ。特に金持ちの連中は、生活を昼夜逆転させてしまう。昼間寝ていて、夕方になると起き出して、それで食べるわけだよね。
しかしラマダンの時期に、イスラム教徒が異教徒と一緒になって飯を食ったり、飲んだりするのは、これはとんでもないことなんです。だからラマダンの時期は、ヨーロッパにおいてもテロが起きる危険性が非常に高い。各国が非常に警戒しています。スポーツの世界でも、国際試合をその時期に開催することに対して危惧する声は非常に多いんです。

では、第二点目。今回の事件はバングラデシュで起きた。バングラデシュには日本はODA（政府開発援助）をたっぷり出している。日本とは関連の深い国です。ところでバングラデシュって、昔は違う国名だったのを知っている？

学生　ビルマ？

佐藤　違う。ビルマは今のミャンマー。では、歴史の復習をしよう。

一八五八年にできた英領インドは、第二次大戦後の一九四七年に二つの国に分離独立しますね。一つがインド。もう一つが、インドと犬猿のなかであるパキスタンなんだけど、最初は西パキスタンと東パキスタンに分かれていて、その東パキスタンが今のバングラデシュになるのです。

では、ウィキペディアでバングラデシュの項を見てみよう。

＊正しいウィキペディア活用術

佐藤　以前から私は言っているけども、ウィキペディアは使い方次第で便利です。大学の先生や専門家が指導してくれる下でなら、ウィキペディアを使っても構いません。ただし、おかしな書き込みがあることも事実なので、その記述の正否を判断できる人がいるところで使うこと。

・ウィキペディアは、国によって記述の内容や精度に違いがあるのも事実です。全体的に日本語のウィキペディアは変なものが多い。ドイツ語版は、完璧なぐらいにしっかりしている。それからロシア語版は政府の立場を完全に反映している。どうしてそうなるかといったら、文化の違いなんです。ドイツにおいては、ウィキに書き込むのは、高等教育を受けていない普通の町の人がやることじゃない、という感覚があるんです。また英語のウィキは、間違ったことや曲解したことを書き込んだら、すぐに議論になって消去されていきます。ウィキで比較的使い勝手がいいのは、やっぱりドイツ語版なのです。私自身は、正確度が高いドイツ語版、それとロシア語版を使うことが多い。

皆さんの場合は、ドイツ語やロシア語をマスターしていないから、英語のウィキを参照しても構わない。おそらく日本語版のウィキペディアは、もちろん日本独自でそこに付け加えている情報もあるけど、六割ぐらいが英語からの翻訳だと思う。

レファレンス資料に関しては、本当は校閲作業を経ている書籍に当たるべきです。いろんな辞典や年鑑類に当たるのが、一番いい。こうした資料は、大学図書館や公共図書館にはだいたい揃っています。

もう少し経済的に余裕があれば、たとえばG-Searchのような有料サイトで、過去の新聞記事を検索して参照するのもいい。ただ、新聞は「記憶がない」。つまり掲載当時の材料で書かれているので、五年前と今とで違うことが書いてある例がたくさんある。ためしに「佐藤優」で新聞記事検索をしてみてください。鈴木宗男事件の頃に私に関する論評が山ほど出たけど、それといま私について書いていることを比較してみると、ほぼ正反対の内容なんです。

では、この教室でなぜウィキを使っているかというと、ここではすぐに年鑑や過去の新聞にはアクセスできません。アクセスできないときに「できません」と、諦めたらいけない。今与えられている環境で、最大限の効果を得る努力が必要なんです。神学を勉強している人間は、なかでも牧師になろうとしている人は、「専門じゃないからわかりません」とは、口が裂けても絶対言えないわけ。専門じゃない問題でも、いかにして短時間で、正確に情報を身につけるかという、そのノウハウを見つけないといけない。

脱線しすぎたから本題に戻りましょう。

はい、ではウィキの「バングラデシュ」の項を読んでいこう。

学生 〈・インド領東ベンガル

そんな中で英領インドは1947年に独立を達成したものの、宗教上の問題から、ヒンドゥー教地域はインド、イスラム教地域はインドを挟んで東西に分かれたパキスタンとして分離独立することになり、東ベンガル（1947年—1955年）はパキスタンへの参加を決めた。

・パキスタン領東パキスタン

ベンガル語でほぼ統一された東に対し、西がウルドゥー語を公用語にしたため対立が起きた。この問題はベンガル語とウルドゥー語の両方を公用語にすることで決着がついたものの、政治の中心になっていた西側に偏った政策が実施され、1970年11月のボーラ・サイクロンの被害で政府に対する不満がさらに高まった。

1970年12月の選挙で人口に勝る東パキスタンのアワミ連盟が選挙で勝利する

と、西パキスタン中心の政府は議会開催を遅らせた上、1971年3月には軍が軍事介入を行って東パキスタン首脳部を拘束した。これによって東西パキスタンの対立は決定的となり、東パキスタンは独立を求めて西パキスタン（現パキスタン）と内乱になった。バングラデシュ独立戦争である。西側パキスタンと対立していたインドが東側パキスタンの独立を支持し、また第三次印パ戦争がインドの勝利で終わった結果、1971年にバングラデシュの独立が確定した。〉

佐藤　実はボーラ・サイクロン程度のサイクロンって、しょっちゅう起きていたんだ。それなのに、政府に対する不満が高まったのは、なぜか？　それはソ連が裏で画策したんです。このアワミ連盟は、資金供与や人員教育の面で、ソ連がひそかに支援していた。だから、実はバングラデシュの独立というのは、戦後ソビエトがやった工作の中で、最も成功したものの一つです。

後に一九七一年十二月に第三次印パ戦争が起きますね。東西冷戦下では、インドは中立国でしたが、武器はソ連製、つまりどちらかといえばソ連寄りだった。一方のパキスタンは、アメリカ製の武器で、アメリカと連携して反共主義をとっていた。インドにとっては、地理的に東西両側からイスラムのパキスタンに挟まれているという状態は好ましくなかった。どちらか一方を崩す必要に迫られた結果、インドとソ連が連携して東パキスタンに介入し、バングラデシュという国をつくり出したのです。他国が政治的・軍事的に介入して、一部が勝手に分離独立するというのは、国際法に明らかに反します。バングラデシュという国は、建国の経緯からして、非常に火種を孕んでいたわけです。

その後、パキスタンでは、特殊なイスラム教運動が起きます。それがタリバーン。初めはパシュトゥーン人という民族を中心にした穏健なイスラム運動でしたが、ソ連のアフガニスタン介入によって一変します。隣国に位置するパキスタンは、アフガン支援を行ないましたが、そのバックにはサウジアラビアの資金があったのです。サウジマネーの流入と共に、一部の過激なイスラム教も入ってきた結果、タリバーンは急進的なイスラム教へと変貌したのです。このタリバーンが、二〇〇一年の9・11アメリカ同時多発テロの首謀者とされるアルカイーダのウサマ・ビン・ラディンと友好関係にあったのは有名です。

＊会食の場所選びにもインテリジェンスを

佐藤　こうした歴史的経緯を踏まえたうえで、もう一度、先ほどのニュースに戻ります。

バングラデシュは、パキスタンのアンチだから、急進的な形でのイスラム運動はないとこれまで考えられていたわけです。ところが今回、イスラム系のテロ組織による事件が起きた。しかもラマダンの終わりの時期のところで、このレストランが狙われた。

しかし、犠牲者の大半は日本人とイタリア人で、その中に両国の大使館の人間はいませんね。

この点もポイントです。なぜ大使館関係者は難を逃れたのか？　危険性をあらかじめ察知していたのでレストランには行かなかった、というのがおそらく真相です。大使館外の公共の場ではテロは起きないなどと言っているのは、専門家ではあってもアマチュアに毛が生えたレベル。高度な専門家だったら、あの時期に、あの場所には絶対に寄り付きません。

それじゃあ、どこで食事をすれば安全なのかというと、自分の家で、ケータリングでパーティをやるしかない。大きな家を借りて、完全に信用できるレストランから、身元がしっかり調査されている料理人とウエイターを派遣してもらって、ケータリングパーティをするしかない。日本のように多国籍軍の側を資金的に支援している国の外交官はそれぐらいの警戒感をもつのは当然ですし、それはＪＩＣＡの仕事で海外に派遣されている民間人も同様です。これが、インテリジェンス業界の常識なんです。

こういう問題提起をインテリジェンス関係者やマスコミも、公には言いません。しかし、こうした情報の感覚が研ぎ澄まされているか否かは、そのまま生死の問題に直結するんです。この点は、あえて申し上げておきます。

＊キャンパスがテロリストの草刈場になる

佐藤　ダッカにおけるテロで見えてきたのは、明らかに日本人が多く集まる場所が標的にされたことです。

土木関係の人が集まっている場所と聞くと、インテリジェンス関係者にはピンとくるのですが、皆さんは、まだわかんないでしょう？　あのレストランは、おそらく談合の場なんです。日常的にそこに集まって、仕事をどういう順番で、どの会社がやってとか、どこの工事はどの社が受け持つか……こうした情報交換と調整をする場所が、必ず土木業界にはある。談合は違法かもしれないけれど、現実社会のなかでは、日本の企業はやっている。その点で、テロリストはあの店を標的にしたのだと思う。

ただし、定期的に日本人が来るという情報は、日本語がよくわかる人間でないと摑めない。そこの鍵を握る役割を、オザキという人物が担っていたのではないかというのが、インテリジェンス筋の見立てだと思う。

おそらく、このオザキという男は、いわば使い捨て駒の一つで、今回かぎりでお役御免です。しかし大事なのは、このオザキは誰かによって作り出された存在だということなんです。日本人との結婚自体も、組織の指令かもしれない。そうすると、メンターである宗教的指導者、テロ活動をする指導者が、必ず日本の中にいるはずだ、という見方をインテリジェンスの専門家たちは同時にしている。

だからこそ、このニュースは表に出てきたのでしょう。

第二、第三の〝オザキ〟は、これからも生み出されてくる。もしかしたら日本じゃなくて、それは別の国でやっているのかもしれない。

ただ日本は監視能力が非常に弱い。日本の警察は、盗聴行為は違法であって行なわない建前には一応なっていますが、実際にはおそらく、あちこちで行なわれているはずです。しかし、アラビア語の方言でしゃべっている会話を盗聴して、それを聞き取れるような専門家が、警視庁に大勢いるとは思えない。まして京都府警にそれほどいるとも思えない。

テロリストから見ると、大学は、学問の自由、大学の自治もあって、〝オザキ〟のリクルートには最良の場所です。まずイスラムに関心を持っている人をプールとして見る。そして真面目な人。それから女性関係で乱れていない人。恋人なんかいないほうがいい。それから、どっちかというと、親との関係は孤立していたほうがいい。勘当されているくらいの親子関係が好ましいんです。

そして、まず誘うのは留学。アラブ首長国連邦に来てみないかとか、エジプトやクウェートに一年間ぐらい住んでみないかとか、門外漢でも比較的入りやすい国や地域に連れて行く。この手口に騙されてしまう人は、少なくありません。

大学でイスラム教の勉強をしているうちはいいけれども、イスラム教のモスクに行くようになったら、よく周囲には注意を払って下さい。相手も、人をちゃんとチェックして、留学を勧めてきますから。なまじ関心があることを知られると、そこに付け入る隙を与えてしまいます。こうしたルートで留学を勧められても、うまい話に乗っては絶対にいけません。

＊アラビア語はなぜ難しいのか

佐藤　安易な留学がなぜいけないかといえば、アラビア語というのは、一年ぐらい留学したって、絶対できるようにならない言語だからです。

なんやかんや言ったたって、日本で語学が一番良くできる専門家集団は外務省です。そのアラビア語研修というのは物凄くハードルが高い。前回は私のロシア語研修の話をしましたね。あれを聞いて「スゲー、俺じゃ絶対に無理だ」と思った人もいたはずですが、アラビア語の厳しさは、ロシア語の比ではありません。

外務省のアラビア語の養成は、こんな仕組みです。まず外交官試験に合格した人たちを、外務省の相模大野にある研修所にカンヅメにする。カンヅメにしている期間だけで七カ月。研修中は、朝の九時から夕方の五時まで、徹底的にアラビア語の授業だけをやって、おまけに一日五時間かけないとできない宿題が出る。

この七カ月間で、だいたい東京外国語大学の二年生レベルにまで、一気に引き上げるわけです。それ以外にも本省で実務研修を約十カ月やると海外研修に出るのですが、何年間だと思いますか？　他の語学は研修期間二年だけども、例外が二言語だけある。ペルシャ語は二年半、アラビア語に至っては、三年間なんです。しかもその一年目は、アラブ諸国、今はだいたいエジプトですが、そこの小学校三年生ぐらいのレベルに編入する。他の言語は高校生レベルですが、アラビア語だけは小学校レベルの授業から始めないと、習得できないのです。

それに加えて、アラビア語の場合は、書き言葉ができないと意味がない。なぜかというと、その地方の方言ができても、汎用性がないからです。アラブ首長国連邦でアラビア語を勉強したとしても、エジプトに行ったら話し言葉は全然、通じない。オマーンへ行っても通じないし、イエメンもダメ。

では、全体に通じるアラビア語を学ぶならどこの国で学んだらベストかというと、じつはシリアなんです。ところが、今は「退避勧告」が出されていて入国できないし、そもそも在シリア日本大使館でさえレバノンに避難している事態です。

現実的には、標準アラビア語を覚えても、実際、日常で使うアラビア語に慣れるためには、外務省で三年の研修をしたあと、さらに五年間はかかるでしょう。

元外務省の中東専門家で、いま立命館大客員教授も務める宮家邦彦さんは、エジプトで二年間、アメリカで一年間、アラビア語を研修した、アラビア語のエキスパートです。

その宮家さんが、語学研修が終わった直後にイラクにいたとき、時の外務大臣で安倍晋三首相の父、安倍晋太郎さんがバグダッドを訪問したんです。まだサダム・フセインが支配していた時代で、イラクの外務大臣アジズさん——この人はネストリウス派のキリスト教徒で、サダム・フセインの側近だったということで後に死刑判決を受けた——その人と会談することになった。その会談を、宮家さんが通訳することになったのですが、アジズが話していても一向に通訳が始まらない。じつは宮家さんは真っ青になっちゃった。「ダメです、アジズの言葉に方言があって、全然わかりません」。その瞬間、この前まで外務省の事務次官だった齋木昭隆さんが引き取って、英語の会話に切り替えたというエピソードがあります。万一の場合に備えて、英語通訳を同行させていたことが功を奏したわけですね。

これは宮家さんに非がある話では全くありません。東大出の秀才で、のちのアラビア語の第一人者になる外交官でさえ、きちんと研修しても最初はそんな状態だということなんです。

それぐらい難解な語学だから、アラビア語の基礎がまったくできていない人間が、一年や二年、中東に行ったって、アラビア語ができるようになるはずがない。

じゃあ、勧誘して留学させる目的って、何なのでしょう？

第一は、イスラム教の御用学者や宣伝家に仕立て上げる。言葉がほどほどにできるようになったら、知恵があって、機転が利いて、日本のエリート層になりそうだと目をつけた人は、ナントカ財団やらナントカ協会をカバー、つまり隠れ蓑につかえばいい。第二に、そこまで達しないのなら、今回のオザキのようなテロ要員の手駒にする——無謀な留学の末路は、この二つでしょうね。

私は、あえて踏み込んだ発言をしています。それはテロリストに勧誘される危険が皆さんの日常に潜んでいるから、警告の意味で話しているのです。

イスラムを勉強すること、それ自体はものすごくいいことです。いまの国際情勢を考えてみれば、大変な影響力を持っている世界宗教なんだから、研究することは大事だし、知ることも必要。ただし、マルクス主義の勉強で『資本論』を読むということと、共産党やマルクス主義系の過激派組織に入ることとは、全く次元の違う話だということを、きちんと理解してほしいのです。

＊イスラムと対話はできるのか

佐藤　われわれがイスラムと接する時に、どういう視座があるのか、その入り口をきちんと考えないといけない。

入り口は三つある。

一番目、イスラム教徒になる。一神教研究でのイスラムとの対話は成り立たないという考えがある。これは日本のイスラム研究の第一人者、山内昌之先生が指摘していることです。

ユダヤ教のヤハウェとキリスト教のゴッドは同じだけど、イスラムのアッラーは違うということ。だからイスラムを同じ一神教という枠ではくくれない。これが山内先生の立場ですが、私は山内先生の考えと完全に一緒。その意味においてはイスラムはわれわれにとってはかなり外在的です。

〈ユダヤ教、キリスト教、イスラーム、これら三つの一神教は、とくに一番最後に出現したイスラームの立場では、ヘーゲルの現象学的に言えば、ユダヤ教のテーゼへのアンチテーゼ（反対命題）としてキリスト教が登場し、さらにジンテーゼ（統合命題）として最終的にイスラームになるという図式で捉えることができます。

具体的には、旧約聖書に登場するアブラハムやモーセ、新約聖書のナザレ人のイエスといった多勢の預言者群の、最後にして最大の預言者であるムハンマドが「今後、人間がいかなる過ちを犯しても、もはや預言者は現れない」として完成したのがイスラーム教だという自負がムスリムにはある。すなわちイスラームは、ユダヤ教やキリスト教の矛盾を克服し、超越したものとして自らを位置づけているわけです。そういうイスラームが、キリスト教やユダヤ教との間で一神教として一種のシェアリングを行うという発想はありえません。〉（山内昌之『新版　イスラームとアメリカ』中公文庫、３６５〜３６６頁）

イスラム教徒から見ると、キリスト教は自分たちの段階にまだ到達していない連中だから、取りあえずお前たちの話も聞いてやろう、という意味の対話はできる。「上から目線」の態度です。しかし、原理的なところでの対話ができるかどうかとなると、大変です。おそらくイスラム教徒との対話というのは、その意味においては、私は難しいのではないかと思います。

二番目。純粋学術的にイスラム教という現象を見ていくこと。同じ手法で、純粋学術的にキリスト教という現象を見ていくこともできるし、創価学会や臨済宗の相国寺派を見ていくことも可能です。これは、計量的なアプローチを重視したり、社会学という要素を加味したりするので、神学よりも宗教学のアプローチになります。基本的には無神論的で、唯物論的なアプローチです。この手法は、結構多く行なわれているんじゃないかな。

第三番目。おそらくこれは神学部でやれることだと思うのですが、キリスト教文明的な発想、キリスト教的な視座、言い換えると、世俗化された現代の普遍的価値観から考える。人権やプライバシーという考え方は、基本的には世俗化された近代キリスト教に拠って立つ考え方です。その普遍的な価値に立ったところから、純粋客観的にイスラム教の内在的な論理というものを捉えていく。なぜイスラム教徒の人たちは、こういうときに怒るのか？　なぜこの人たちはこういった行動をしていくのか？　こういうアプローチを、キリスト教のスタンスのほうからしていく。一種の「イスラム教との宗教間対話」ですね。

その中心になっているのは、イギリスのオックスフォード大学とケンブリッジ大学、さらにアメリカのワシントンにあるジョージタウン大学です。ジョン・Ｌ・エスポジトという学者の『イスラームの歴史』（全三巻、坂井定雄監修、共同通信社）は、原題は『The Oxford History of Islam』といって、アカデミックな神学部でイスラム教を勉強するときに標準的に使われている教科書です。皆さんがイスラムについて、ある段階までの知識を手に入れたいということだったら、この本がいい。今、私が話している内容も、全部その枠の中に収まっています。

＊教育に名を借りた勧誘は犯罪だ

佐藤　なにも私は特定の人物を批判しているわけではありません。いろんな人たちが、各々自分の考えが絶対に正しいと思っているわけです。

ただ、研究や教育の形を借りながら、特定の宗教に勧誘してはいけません。私は一種の犯罪的行為だとさえ思う。これはキリスト教に関してもそうで、神学部の中で勧誘するのは良くない。それは大学ではなくて、教会の仕事です。

イスラムを研究する人で自分がイスラム教徒だとしても、基本的には学術の場においては、研究として共通の言語を持つというところより、踏み込んではいけない。ましてや自分たちが正しいというところの、カリフ帝国の言説の中に嵌《は》め込んで、学生を何かの形で使っていこうとするのは、私はもはや教育ではないと思っています。

これがエスカレートすると、現代の普遍的な価値に照らせば、もはや宗教活動というよりも政治活動になってしまう。そのことは誘われる学生の側も、肝に銘じておいてほしい。そして、ある一線を越えた場合には、刑事責任を追及されるし、テロとの戦いだから殺されることだってありうる。ここまでくると、生きるか死ぬかの戦いなんです。イランだって、アメリカのCIAだって、イギリスのSIS（秘密情報部）だって、ロシアのSVR（対外諜報庁）だって、みな本気でやっているんです。

たとえば『文學界』という文芸誌に、自分はトルコのほうからイスラム国に入ったという手記を、中田考さんが一昨年（二〇一四年）に書いていた。あれは、法規の厳格適用をすれば、それだけを理由に旅券法違反で捕まってもおかしくない。彼自身もあの手記の中で撃たれそうになったと書いていますが、シリアなんかの密出国、密入国をしたら、最悪の場合その場で射殺されたって、何にも文句は言えない。それぐらいのリスクのある話なんです。

だから最終的に「イスラム国」につながっていく、その入り口みたいな話が、皆さんの周辺でも十分起こりうる、そのリスクがあるという現実を直視してほしい。

皆さんは学生という立場かもしれませんが、物事を理解する力とか、情報を集める力というのは、われわれ社会人と一緒です。ところが、問題はその次にくる段階で、洞察力や判断力というものは、ある程度、世の中で揉まれて、いろんな経験を積んでいかないと備わってこない面もある。だから何かの実践活動に入るとか、うんと踏み込みそうになったときは、一度止まって考えてほしい。そういったことは、実践神学の先生なり、神学部の事務長なりに相談してみるといいでしょう。ここの神学部は、他の学部とは違って、ほんとに親身に相談に乗ってくれるのですから。

＊親鸞、日蓮は神なのか

佐藤　さて、神学に話題を変えていきます。

前回はニカイア信条を読みましたが、今回はカルケドン信条を見ていきます。繰り返し信条を読んでいくのには、理由があります。神学を学ぶ時は、入門段階で非常に時間がかかります。しかし、信条をしっかり知っておくことは、そこを乗り越える補助線になります。

前回のおさらいですが、三八一年のコンスタンチノポリス会議でニカイア信条が定められましたね。このニカイア信条で、いわゆる「三一論」が暫定的にですが決まります。「父なる神・子なる神・聖霊なる神」からなる一つの神である、というキリスト教の大きな柱の一本が決まりました。

今日読む、四五一年に定められたカルケドン信条では、イエスは神なのか、人なのか、という「キリスト論」の柱になるものです。では、その全文を見てみましょう。

学生　〈そこで、聖なる教父たちに従い、われらは一同、声を合せ、神性において完全であり、同時に人性においても完全である同一の御子、われらの主イエス・キリストを信じ告白すべきことを、人々に教えるものである。主は真実に神であり、また真実に人であり、理性を有する霊魂とからだとから成り、その神性に関しては御父と同質、同時に人性に関してはわれらと同質であって、罪をほかにしてはすべての点においてわれらと等しい。

神性によれば万世の前に父から生まれたが、しかも人性によればわれら人類の救いのために、神を生んだ人処女マリヤから生まれたもうた。同一なるキリスト、御子、主、ひとり子は二性から成り、この二性は混乱もせず、転化もせず、分割もせず、分離もしないものとして認められるべきである。この二性の区別は、一つとなったことによって少しも除去されることなく、かえって各々の特性は保持され、一つの人格と一つの存在に合体し、二つの人格に分離もされず分割もされず、同一の御子、ひとり子、言《ことば》なる神、主イエス・キリストである。これは実に預言者らが昔から彼について宣べ、また、主イエス・キリスト自らがわれらに教え、教父たちの信条がわれらに伝えたとおりである。〉（ヘンリー・ベッテンソン著、聖書図書刊行会

編集部訳『キリスト教文書資料集』聖書図書刊行会、二〇〇〇年、91頁）

佐藤　「分離もされず分割もされず、区別されている」って、どういうことか。これに関して結論から言うと、論理整合的に説明しようとする流れは、すべて異端という形で切り捨てられています。

そうそう。念のためだけど、神学部の学生ならば、少なくともギリシャ文字は読めるように、古代ギリシャ語のコイネー（共通語の意）の初歩の初歩くらいは勉強して下さい。キリスト教関連の文献を読んでいくときには、ギリシャ文字もコイネーも出てくることがあります。

今読んだこのテキストでも、「同質」という言葉の後にギリシャ文字の注記があったでしょ。これは「ホモウシオス」と読んで「同質性」という意味を表します。似た言葉に「ホモイウシオス」という語もありますが、これは「類同質性」を意味し、ほんのちょっとだけ距離があるわけ。

ではイエス・キリストというのは、神様とまったく同じ人なのか？　それとも、神様より少し人間に近いから人間の御子なのか？　こういうことなんだ。ホモイウシオスというのは、ちょっと人間に近いという考え方だったんだけど、これは排斥されていった。つまり神とイエスは同質ということですね。

では、「人性に関してはわれらと同質」とは、どういうことなのでしょう？　たとえば、ブッダというのは、仏教の開祖、つまり仏の悟りを開いた人で、紀元前五世紀頃のゴータマ国にいた一人の王子ですね。ところが、いつの間にか仏像になって、拝む対象になっています。しかし、仏教本来の原理からすると、仏像崇拝ということ自体がありえない。世の中の存在というのは、すべて関係性からできているが、その関係性が苦の原因なんだから、元凶である関係性を断ち切るべきだ、というのが本来の原理のはずです。でも、現実には、仏像を前にして、おすがりしたり拝んだりするという異質のものを受容することで、人間が救われるという形が、仏教の中に入り込んできたのです。

浄土真宗の親鸞や日蓮宗の日蓮も、宗派の開祖ではあっても、本来信仰の対象ではなかったはずが、次第に神に近い存在のように受け容れられているように感じられます。

では、キリストもそうなる危険性があるのでしょうか。

キリスト教には原罪という考え方がありますね。原罪があるわれわれ人間から遠く離れて、神様に近い存在になりすぎると、われわれの媒介になってくれないんじゃないか、われわれは救われないのではないか、と心配になってくる。そうすると、救いの確実性を保証するためには、より人間に近いところへ引き下ろさないといけない。それゆえに、完全な人性を持っていなければならない、となるのです。これは救済論と密接に関係するところです。

*「処女」は「若い女性」である

佐藤　それから「神を生んだ人」に二つ目のギリシャ語の注記があります。これは「テオトコス」と読みます。

ここでは、マリアははたしてテオトコス（神を生んだ人）か、クリストトコス（キリストを生んだ人）かの論争がありました。ネストリウスという五世紀の神学者が、このクリストトコスを唱えましたが、これは異端として追放されてしまいます。それは、マリアをクリストトコスとすると、キリストの神性が十分に担保されない、つまりテオトコスよりも一段次元の低い神である、とされてしまうと非難されたのです。キリストは真の神だから、テオトコスでもクリストトコスでも、どちらでも構わないじゃないか、とはいかないのです。

このあたりの論争は、調べ始めると非常に面白い。でも、みんなどう思う？　マリアは聖霊によって身籠った。だから「処女」降誕ということが、キリスト教の教義になっている。でも、これは文献実証的には、かなり証明されるんだけど、じつは誤訳なんです。本来は「若い女性」という言葉で訳さないといけないものだった。ところがギリシャ語に翻訳するときに、ギリシャではアルテミス信仰、すなわち処女は特別の力を持っているという信仰があるから、そこのところで処女という訳語があてられたのです。

だから実証研究においては、処女降誕とは、当時の文脈においては、適齢期の女性が子どもを生んだということだった。ただ、聖霊の力によって生んだということだから、そこでは処女性に問題はなかったはずです。だから神学的には、処女降誕とは、処女で生んだわけだから、マリアは生んだあとも処女ということになる。

そうすると、非常に神秘的な形のマリアに、果たして原罪があるのか否かの論争が、次に出てくる。この論争はキリスト教の長い歴史の中でも共通認識をつくりだせないままになっていましたが、十九世紀になってから、急速にカトリックのほうで神学的な整備が進み、マリアには実は罪がないと、十九世紀の半ばぐらいに確立します。これを一般に「無原罪の御宿り」とか「無原罪懐胎」と呼んでいます。

となると、原罪がないならば、死後のマリアがどうなるかで、また矛盾が生じかねない。つまり、キリスト教では人は死後、基本的には陰府《よみ》で寝ていて、最後の審判を待っているわけです。神の右に座している、すなわち天国に、「神の国」に入っているのはイエス・キリストだけ。でも、無原罪で罪を負っていないマリアは、どうなる？

ここでもカトリックは、一九五〇年代に、マリア無原罪の昇天ということを、教義として確立してしまいます。だから天国には、今のところ人間ではただ一人、マリアだけがいる。マリア自身は無原罪であるがゆえに、既に天国にいる、という教義の組み立てにしたのです。

これはカトリックの考え方であって、プロテスタントはそうは考えない。神学の初心者段階では、「へぇ～、そうなっているんだ」というエピソードとして覚えておいてくれれば構いません。ただ、プロテスタントとカトリックのこうした違いは、救済観や人間観など、折々に顔を出してくることがあることも覚えておいてください。

＊フェミニズム神学に学ぶこと

佐藤　この無原罪懐胎の話が出たから、そこへ枝葉を伸ばすと、日本国内ではまださほどではありませんが、国際的にはフェミニズム神学が近年大きなウェイトを占めるようになってきました。フェミニズム神学の勃興は一九六〇年代ですが、そのほとんどがカトリックの女性から出てきた。それは、このマリアの無原罪懐胎という方向の中から起き上がってきたからです。

フェミニズム神学の人たちの聖書の読み方は興味深くて、今の聖書というのは男の立場から書かれて編纂《へんさん》されているから残骸だ、と言う。もっと女性が活躍していたはずなのに、その部分が編集作業で全部、抜け落ちている。それを前提として、聖書の残骸から意味を読み取っていかないと正しく検証、解釈できないというんですね。

本当に「父なる神」という概念なのか。その概念に既にジェンダー的な偏見があるのではないか、という考え方です。あるいは、少なくとも父なる神を超える必要があるんじゃないか、と。メアリー・デイリーなんていう人はそういった考え方が強い。彼女の『Beyond God the Father（父なる神を超えて）』というのは、残念ながら日本語には訳されていないけど、フェミニズム神学の古典中の古典です。

たしかに歴史的にみれば、ニカイア・コンスタンチノポリス信条も、カルケドン信条も、みんな男たちだけでつくってきました。そのプロセスでは結構、殴り合いとかしながら決めています。したがって、暴力性とか男権性とかが、キリスト教の中に否応なく含まれてきているのも事実でしょう。たしかに大きな議論のテーマにはなりえるんですね。

だからフェミニズム神学において一番嫌われているのは、たぶんパウロです。パウロはすごい男性主権主義者だから、パウロ的な影響が入ることによって女性的な要素が聖書からかなり排除されている、とフェミニズム神学の人たちは訴えます。キリスト教の中でも、誰にウェイトを置くかは、教派によって少しずつ変わってきます。やっぱりカトリックはペトロなんです。それはローマ教皇がペトロの後継者だから。ロシア正教ではヨハネで、ヨハネのロゴス・キリスト論、あるいは黙示録が中心です。

それに対して、われわれプロテスタントはパウロなんです。パウロの信仰体験、特に新約聖書「ローマの信徒への手紙」あたりが、非常に大きくなってくる。となると、プロテスタンティズムというのは、構造の中に男権論的なところが大きく内包されているわけなんですね。

私もいまフェミニズム神学について、ある人と議論をしています。北原みのりさんという、物凄く頭のいい女性です。彼女は津田塾大学を出たあと、日本女子大大学院を中退。その後、日本初の女性用アダルトグッズの専門店をつくって、そこの社長を務めていますが、日本で韓流の流れをつくった一人でもある。フェミニストではあっても上野千鶴子さんには批判的で、フェミニズム関連の著作も多い才人です。

それで今、彼女にフェミニズム系の本を紹介してもらって、僕のほうはフェミニズム神学の本だけに限定して紹介して、両方で読んで議論しています。非常に面白い。これは『性と国家』（河出書房新社、二〇一六年）というタイトルで共著で出ました。

皆さんもフェミニズム神学にも目を向けてみると、神学の視野が非常に広がると思うな。皆さんが持っているマクグラス『キリスト教神学入門』（神代真砂実訳、教文館、二〇〇二年）でも、フェミニズム神学に触れています。

＊「悪魔の権利」

佐藤　次に、「悪の問題」について考えてみようと思います。

皆さんは「悪魔の権利」という話を知っていますか？　キリスト教の中でも、悪のとらえ方は教派によって温度差があります。

カトリック教会やプロテスタント教会は、悪の認識が弱い。古代キリスト教の教父であるアウグスティヌスは、悪は「善の欠如だ」と言いましたが、この「善の欠如」とは、どういう意味か、わかりますか？　穴の空いているスイスチーズを想像してください。あの穴の部分が悪なのです。だから悪には実体がない。そうすると、われわれ人間の努力によって、悪は完全になくなるんですね。

ところが、東方教会、たとえばロシア正教会やシリア正教会、ギリシャ正教会などは、悪の考え方が違う。悪は、そんなスイスチーズの穴みたいなものじゃなくて、確実に力があって、実体として存在していて、ものすごい支配力を持っているという。人間は罪を負っていて、罪から悪が生まれる。悪が人格化すると悪魔になる。だから悪魔は必ずいる、と東方教会では考える。そして悪魔には人間を仲間にする「悪魔の権利」がある、というのです。

そうすると、人間が悪魔から解放されるには、どうしたらいいのか？　そのために悪魔に身代金を払わないといけないとか、悪魔の騙し方の研究とか、いろいろあります。

悪をどう考えるかは、すごく重要。その入り口をやりたいと思っています。では、テキストを見ていきます。あとで、ちょっとビックリするような議論がある。神学部の授業では普通、取り扱わない文書かもしれません。「贖罪・悪魔との取引」（アクイレアのルフィヌス、四〇〇年頃。「使徒信条註解」）という文書です。

学生　〈〔惑わす者が欺かれるというこの贖罪説は、イグナチウスのエペソ人への手紙19に、最初に暗示されている。「この世の君は、マリヤの処女性、彼女の出産、主の死によってだまされた」という箇所は、多くの教父たちの想像力をとらえた。身代金およびおびきよせる餌という話は、ニッサのグレゴリウスの「大教義問答書」*Oratio Catechetica*, 21—26によるもので、後にルフィヌスによって再生された。身代金という考え方は、ナジアンズスのグレゴリウスによって否認された（「大教義問答書」45:22。「身代金は悪魔に支払われたのであろうか。途方もない考え方である。悪魔は神からばかりでなく、神御自身を身代金として受け取ることになる……それでは父なる神へ支払われたのであろうか。しかし、われわれは父なる神の奴隷であったわけではない……それに、父なる神が御子の死を喜ぶことができようか」）。とはいえ、この説は人々の想像力をとらえ、贖罪の一つの説明として、あるいはいきいきとした「通俗的」

例示として、レオ、グレゴリウス一世、アウグスティヌス（「ねずみ取り」の直喩を用いて）、その他西方教会の多くの人々によって用いられ、後にアンセルムの説が広く採用されるようになるまで続いた）。〉（ヘンリー・ベッテンソン著、聖書図書刊行会編集部訳『キリスト教文書資料集』聖書図書刊行会、二〇〇〇年、67頁）

佐藤 キリスト教では基本的に、われわれのこの世の中は、あまりいい世の中とは考えません。また、われわれ一人ひとりも、みんな罪を負っている。罪から悪が生まれてくる。人間とはあんまりいいものじゃない、と考えるのです。だからイエス・キリストによる救済以外には、人間に積極的には何にも与えられません。では、人間はどこから来るんだろうか。旧約聖書の「創世記」を読んで下さい。

＊「命の木」から食べてよいのか

学生 〈主なる神は人を連れて来て、エデンの園に住まわせ、人がそこを耕し、守るようにされた。主なる神は人に命じて言われた。
「園のすべての木から取って食べなさい。ただし、善悪の知識の木からは、決して

食べてはならない。食べると必ず死んでしまう。」〉（「創世記」2章15－17）

佐藤　はい、そこまで。では、次に「蛇の誘惑」のところを読んで。

学生　〈主なる神が造られた野の生き物のうちで、最も賢いのは蛇であった。蛇は女に言った。

「園のどの木からも食べてはいけない、などと神は言われたのか。」

女は蛇に答えた。

「わたしたちは園の木の果実を食べてもよいのです。でも、園の中央に生えている木の果実だけは、食べてはいけない、触れてもいけない、死んではいけないから、と神様はおっしゃいました。」〉（同3章1－3）

佐藤　ここに疑問を覚えないかな？　まず、園の中央に木は何本あるんだろう？　遡って、二章九節を読んでみよう。

学生　〈主なる神は、見るからに好ましく、食べるに良いものをもたらすあらゆる木を地に生えいでさせ、また園の中央には、命の木と善悪の知識の木を生えいでさせられた。〉（同2章9）

佐藤　園の中央には木が二本ある。命の木と善悪の知識の木の二本ですね。では、神様は、何の木の実を食べてはならないと言った？

学生　善悪の知識の木です。

佐藤　そうだね。では、女は蛇に対して、何と答えている？

学生　園の中央に生えている木の果実だけは食べてはいけない。

佐藤　園の中央に生えている木というのは、ここで複数形になっているわけだ。話がずれて、拡大しているんです。

神様は一本、つまり善悪の知識の木から食べてはいけないと言うんだけども、女はいつの間にか、命の木と善悪の知識の木の両方を、食べてはいけないと同時に、触れてもいけないと言っている。神様は触れたらいけないと言っているか？

学生　何も言っていません。

佐藤　そう。女の言っていることは、話が大きくなっているんですね。

実は罪の原型というのが、ここにあるんです。われわれは特に意味もないのに話をすぐに大きくしたり、嘘をつく傾向があるの。蛇とのコミュニケーションの中で、明らかに女は話を誇張して、嘘をついている。

こういうところを注意深く読み取る感覚も、神学的に必要です。では、「創世記」をもう少し読み進めよう。

学生　〈蛇は女に言った。

「決して死ぬことはない。それを食べると、目が開け、神のように善悪を知るものとなることを神はご存じなのだ。」

女が見ると、その木はいかにもおいしそうで、目を引き付け、賢くなるように唆《そそのか》していた。女は実を取って食べ、一緒にいた男にも渡したので、彼も食べた。二人の目は開け、自分たちが裸であることを知り、二人はいちじくの葉をつづり合わせ、腰を覆うものとした。

その日、風の吹くころ、主なる神が園の中を歩く音が聞こえてきた。アダムと女が、主なる神の顔を避けて、園の木の間《こま》に隠れると、主なる神はアダムを呼ばれた。

「どこにいるのか。」

彼は答えた。

「あなたの足音が園の中に聞こえたので、恐ろしくなり、隠れております。わたしは裸ですから。」

神は言われた。

「お前が裸であることを誰が告げたのか。取って食べるなと命じた木から食べたのか。」

アダムは答えた。

「あなたがわたしと共にいるようにしてくださった女が、木から取って与えたので、食べました。」〉（「創世記」3章4－12）

佐藤　はい、ここもアダムの答えがおかしくないかな？　神様は「取って食べるなと命じた木から食べたのか」と聞いているわけでしょ。正直に答えるなら、なんて答えればいい？　「食べました」でいいはずです。それを、「女が、木から取って与えたので、食べました」と答える。つまり、この女が悪いんです、と言っているわけでしょう。神様はこんなことを聞いているでしょうか？

それがさらに、「あなたがわたしと共にいるようにしてくださった女が」と、神様に責任転嫁している。俗っぽく言うならば、「あんたがつくった女が私を騙して、この木の実を私に食わせたのよ」って、こういう答えをしているわけです。この答えは責任逃れで、おかしいですね。

だから神様はビックリするわけです。なんか変なものを、明らかに欠陥品をつくってしまったわけなんだ。本来はこういう嘘をつくはずはないんだけど、なぜこんなことになったのかといえば、人間に知恵を、言語能力を与えてしまったからなんです。それだから、人間はこういう嘘をつくわけ。続きを読んでいきます。

学生　〈主なる神は女に向かって言われた。

「何ということをしたのか。」

　女は答えた。

「蛇がだましたので、食べてしまいました。」〉（「創世記」3章13）

佐藤　これも嘘ですね。蛇は騙したか？　「決して死ぬことはない。それを食べると、目が開け、神のように善悪を知るものとなることを神はご存じなのだ」と、蛇は自分の意見を言っただけでしたね。「おまえ、食ってみろよ」とか、唆すようなことを、蛇はひと言も言ってないわけ。そうしたら、女は木を見て、その木はいかにもおいしそうな目を引き付ける木だったから、これを食べたら賢くなるなと思って、自発的な意志で取って食べたのです。

　ここで罪の問題が、はっきりしましたね。要するに、われわれは持っている知恵や言語能力を常に悪用するということ、これが罪なんですね。

となれば、逆の問いかけもできるはずです。つまり、われわれは、自らの知恵や言語能力を使って、良い選択を、正しい方向の選択をできるのか。正しい選択も間違えた選択も、そもそもできるのかという問いになる。

　ここにおいては、教派によって、答えは二つに分かれます。

　カトリックと東方教会は、正しい選択は可能であると考える。

いっぽう、プロテスタントは、できないと考える。基本的にプロテスタントは自由意志を働かせた場合、誤った選択をする蓋然性がきわめて高く、人間が正しいことを選ぶ能力は基本的にない、と考えるんですね。だからプロテスタントにおいては、罪のウェイトが非常に大きくなる。罪から悪が生まれるのだから、悪のリアリティというのは、プロテスタントにおいては強いはずです。

ところが、神学的にはプロテスタントは、アウグスティヌスの神学の延長線上にある。すなわちカトリック神学の器を使ってしまったため、われわれは罪のリアリティというものを、信仰としては持っていますが、神学的には上手に表現できないというジレンマに陥ってしまったのです。

アウグスティヌスの悪の考え方は、先ほどスイスチーズにたとえて説明しましたね。罪や悪は、スイスチーズに空いている穴のようなもの、つまり「善の欠如」に過ぎない。だから実体がない。それを裏返すと、チーズの穴をどんどん埋めていくことができれば、われわれは悪がなく、罪から免れるような世界をつくることができる。

これはプロテスタントの考え方からいえば、自己義認、つまり自分で自分を正しいとするということで、大変な間違いなのです。

＊「悪魔の身代金」と「イエス・キリストの釣針」

佐藤　その間違いに陥らないようにすることを重視したのが、東方教会でした。人間は悪を持っている、罪がある。だから、それが人格化したものが悪魔である。悪というのは善の欠如ではなく、現実に存在する悪魔なのだ、という考えです。ならば、悪魔も存在の権利を当然持ちます。人間は罪を持っているのですから、人間は悪魔にとらえられていることになります。

だとすれば、悪魔に何も与えずに退治するだけというのは、悪魔に対する権利侵害にあたります。東方教会では、神様は悪魔に対して、自らの子であるイエス・キリストを身代金として払うことで、人間は罪から脱却することができた、とする考え方が出てきたのです。

しかし、身代金を受け取ってしまった悪魔は、その後どうなるのでしょうか。悪魔はほんとうに消えたのだろうか、永遠に悪があるんだろうか？　東方教会ではこの議論がずっと続いていたのですが、その解決の一つとして出されたのが「釣針の理論」というものでした。これを唱えたのが、ルフィヌスですね。その文書を読んでみましょう。

学生　〈受肉の目的……は、神の子の聖徳があたかも人の肉体のうちに隠されたつり針のようになり……この世の君を争いにおびき出すために……御子が御自分のからだを餌として提供し、その内に隠された神性が悪魔をとらえ、そのつり針でしっかりと彼を押さえつけるためであった……そうして、ちょうどさかなが餌のついたつり針にかかると、その餌を取って逃げることができず、かえって自らつられて人々の食物となるのと同じ様に、死の力を持つ悪魔は、内に隠されている神性というつり針に気づかず、イエスのからだをその死においてとらえたのである。それをのみ込むや彼はただちにとらえられてしまった。地獄のかんぬきは破れ去り、彼は他の人々の食物になる魚のように、深いところから引き出された……。〉（ヘンリー・ベッテンソン著、聖書図書刊行会編集部訳『キリスト教文書資料集』聖書図書刊行会、二〇〇〇年、67〜68頁）

佐藤　東方教会の神学者たちは考えたのです。悪魔には力がある。だから、みんなそのままの人間だったら、悪魔は持っていく権利があるわけ。叩き売り状態で、みんな悪魔に持っていかれてしまいかねない。魚釣りになぞらえれば、まさに入れ食い状態で、面白いように釣り上げることができてしまう。

ところが、これもまた魚みたいに食わしてもらおうと思って、悪魔がパクッと食いついたら、これがイエス・キリストだった。キリストは真《まこと》の人だから、悪魔は当然、人間だと思った。それは無理もありません。ところが、真の神でもあるから、中に釣針が入っていたのです。

悪魔は罪を持っている人しか、仲間にしたらいけないし、食べてもいけない。ここで悪魔はその悪魔のルールに反したのです。それゆえに悪魔は悪魔である権利を失ってしまって、崩壊して、イエス・キリストの登場においてこの世の悪はなくなった——こういう考え方なのです。

確かに、この考え方はキリストによる救済を強く訴えるものです。でも、ここで悩ましい問題が生じてくる。

じゃあ、はたして誰でも救われる、ということなのだろうか？

キリスト教の中には「排他主義」と「万人救済説」の両方があります。排他主義がキリスト教では主流ですが、なかでもその傾向が一番強いのが、カルヴァン派。一方、万人救済説の傾向が一番強いのが、クウェーカーというグループ。なかでもペンシルバニアのクウェーカーはそれが強いのです。

二通りに分かれるのですが、どちらが正しいかは、ここでは措《お》くことにして、それぞれの主張を見てみます。

第一の排他主義の主張は、ざっくり言うとこうですね。

――生まれる前から救われる人は決まっている。同時に、滅びに落ちる人も全部、あらかじめ決まっている。この世の中における人間の行動は、何の意味も持たない。だから変な行ないをする人がいるとしても、心配する必要はない。他人に対して攻撃的で、人を傷つける人は、生まれる前から滅びるように定められているのだから……。

こう考えれば、カルヴァン派の人たちは、他人と喧嘩をしたり、諍《いさか》いを起こす気が起きないんですね。あるいは、仕事を一緒にやっている仲間の中に能力のない男がいたとしても、彼は最初から神に選ばれていない人間だと認識してしまうので、視界から消え去ってしまうんです。つまり、選ばれない人間は、存在として認知しないわけですね。

第二の万人救済説の人たちは、こう考えるはずです。

――すべての人は救われる可能性がある。すべての人の努力によって、信仰の力によって、そして改宗の力によって救われる可能性があるんだ。だけど、正しい信仰を持たないと救われないから、キリスト教徒にならないと救われない……。

これはメソジストの創始者であるジョン・ウェスレーという人が強く言って、この系譜がメソジストになっていきます。ウェスレー自身はもともとカルヴァン派だったのですが、どう考えても自分が救われる側にいるとは考えられない、ということで主張を改めた人なのですね。

いまでもメソジスト系の、たとえば関西学院大学の神学部の人たちは、あいりん地区での社会的な実践とかを強調したり、清い生活であるとか、信仰を中心とした生活ということを重視しています。

＊滅びの選び

佐藤　いま救済のあり方を通して考えているのは、「予定説」とか「滅びの選び」といわれる概念ですね。

たとえば、皆さんが今日、この教室に来ているのは、自発的な判断で来ていると思っているでしょう。しかし、プロテスタントのカルヴァン派的な考え方なら、全然違ってきます。「皆さんは選ばれているから、ここに来ている。生まれる前から、ここに来ることは決まっていたのだ」となる。人間は生まれる前から、救われる人は決まっている。そして滅びる人もみんな決まっている。「それじゃ、この世の努力はまったく無駄なのだろうか」という疑問が湧いてくると思うんですね。しかしカルヴァン派にすれば、そんな発想が出てくること自体が、もう既に選ばれし人ではなくて、滅びの道に入っているということになるのです。

選ばれている側に入っている人は、そもそもそんな発想をしない。選ばれていることに感謝して、自分の持つ能力を、怠惰に陥ることなく磨いて、力をつけていく。その力を自分のためでなく他者のためにも使うことが、一種の快楽になっていくのです。神様の栄光のために働いているのだから、働いて、力をつけて、お金を貯めていくことも否定しないし、また逆に捨てることも否定しません。ただし、「神のために」という目的が重要になるのです。

このような「選び」の教説の立場に立つと、そこから新たな問題が出てくるのも事実です。選ばれてない人たちはどうなるのか？　神様はなぜ選ばない人間を最初からつくっているのか？　――これには「『毒麦』のたとえ」など、いろいろ説明の仕方がありますが、レトリックとしてすごく面白い。カルヴァン的なるものの善し悪しとは別に、カルヴァン的な発想をすると、なぜか馬力が出るということなのです。この点については、のちほど触れます。

＊パウロは「ポケモンGO」に何というのか

佐藤　さて、いまの話に関連して、もう一つ文書を読んでおきましょう。これは有名なのですが、じつはほとんど読まれていないカルヴァンの『キリスト教綱要』のなかの、「選び」に関する部分です。

学生　〈第21章　神が、ある者を救いに、ある者を滅びに予定したもうた永遠の選びについて。

1　命の契約は万人に等しく宣べ伝えられたのではなく、また宣べ伝えられた人たちの間でも同一の状況に、あるいは同等に、あるいは恒常的な状態にあるとは見えない。したがって、このような差異の内に、神の判定の驚くべき奥深さが明らかになる。すなわち、このような違いが神の永遠の選びの意志決定に属していることは疑いない。救いはある人には進んで差し出され、ある人にはそれに近づくことが禁じられている。〉（ジャン・カルヴァン著、渡辺信夫訳『キリスト教綱要　改訳版〈第3篇〉』新教出版社、二〇〇八年、425頁）

佐藤　天国にはノートがある。救われる人のノートと、デスノートの二冊がある。

そのどちらかに生まれる前から全員、名前が書かれている。そう決まっているんだと、カルヴァンは言うわけですね。先に進もう。

学生 〈これが明らかに神の一存によっているとすれば、ここで直ちに重大かつ困難な諸問題が生じる。これらの問題は「選び」と「予定」についての確信が敬虔な精神によって保持されるのでなければ、他の方法では解明できない。(多くの人の見る通り)問題は複雑であるが、それは共通性を持った人類の群れの中から、ある人々が救いに予定され、他の人々が滅びに予定されるということほど不合理なことはないからである。〉(同前)

佐藤 でも、不合理じゃないか、というわけです。同じ人間なのに、ある人が選びで、救われるということが決まっていて、ある人が滅びに定まっているというのは、不合理じゃないかと。でも、カルヴァンの結論は、どういうことだと思う?

学生 〈しかし、複雑になっているのは、彼らが自分自身を混乱させているためであることは、続いて後ほど明らかになるだろう。更に、彼らの恐怖する暗黒そのものの内に、この教理の有用性と、それのみならず最も甘美な実りも差し出されている。なぜなら神の永遠の選びが理解されるまでは、神の価なしの憐れみという源泉から発する我々の救いが、それに相応しい明快さで確信されることはないからで

ある。〉（同前）

佐藤　確かに人間の知恵では不合理だけど、そうなっているからしょうがないんだ、という話です。

学生〈言い換えれば、全ての人が無差別に救いの希望に受け入れられているのではなく、ある者には拒否されていることが、ある者には与えられるということであり、この対立的な事柄によって神の恵みが明らかにされるのである。この原理についての無知がいかに神の栄光を妨げ、いかに真の遜《へりくだ》りを失わせているかは明らかである。パウロによれば、このように認識しなければならない事柄は、神が人々の行ないを完全に無視して御自身の民として定められた者たちを選び取りたもうのでなければ知ることができない。（曰く）「今の時代にも、価なしの選びに基づいて救われる者がいる。それが恵みによるのであれば、最早行ないによるのではない。なぜなら、恵みが恵みでなくなるからである。もし行ないによるのであれば、恵みによるのではない。さもなければ、行ないは行ないでなくなるからである」（ローマ11:5-6）。〉（同、425～426頁）

佐藤　はい、もうここに本質が尽きていますね。要するに、このような予定の考え方はパウロに由来しているんです。パウロは、人間の行ないはまったく関係ないと言う。プロテスタント原理というのは、信仰のみでしたね。ただ、ここは誤解しやすいところだから、要注意。

よくプロテスタント教会でも誤解する人がいて、信仰として清い心を持っているのが重要だから、社会運動とか、福祉とか、そんなことは救いと関係ない、自分の心の中の信仰がすべてだと言う。そうじゃないの。「信仰と行為」というように二元化していること自体を、パウロは批判しているのです。信仰即行為なのです。

神によって選ばれているんだったら自分の行為なんかに意味ない、何をしてもしなくても同じだ——こう考えている人は、この時点ですでに滅びの側にいる人。

パウロはそういう人には関心がない。神によって選ばれている人は、その一人ひとりの人生の中に、何か自分の責務、自分のやる場所があるんだ。そのやる場所の中に自分の適性が、そして潜在的な可能性があるという。

それは最大限、伸ばさないといけない。そして自分の健康にも留意しないといけない。なぜならば、それは神の栄光のため。神様のために頑張らなきゃいけないから。神様に喜んでもらうために何をするかと言ったら、自分自身を愛するように、自分の隣人に対して尽くすことなんだよ。

そうすると、ポイントになってくるのは、新約聖書「使徒言行録」です。

余談だけど、最近私も齢をとったと思います。昔は「使徒言行録」なんて、退屈で、辛くて、読めなくて、不快極まりなかった（笑）。だって、みんなの喧嘩であるとか、人をどうやって陥れるとか、そういう話ばかりだから。ところが最近は、使徒言行録が一番面白いんだよね（笑）。では、第二〇章から、読んでみましょう。

学生　〈「わたしは、他人の金銀や衣服をむさぼったことはありません。ご存じのとおり、わたしはこの手で、わたし自身の生活のためにも、共にいた人々のためにも働いたのです。あなたがたもこのように働いて弱い者を助けるように、また、主イエス御自身が『受けるよりは与える方が幸いである』と言われた言葉を思い出すようにと、わたしはいつも身をもって示してきました。」〉（「使徒言行録」20章33－35）

佐藤　俺、人の世話になったことは一度もないぞと、パウロは言っているわけ。全部、自力でやっているぞ。私は自分の手で、自分の生活も、一緒にいた仲間のこともやっている。誰かに依存するという発想はない。あなたが働いて弱い者を助けたように、それにならった。私は力を持っている。イエス自身が「受けるよりは与える方が幸いである」と言われたから、私はそういうふうにやっているんだ、と。

このパウロの発言は、上から目線のように見えるけど、じつはそうではない。受けるよりは与えることが幸せなのです。その与えるものは、自分の努力で得たんじゃなくて、神様から貰ったんだよ。だから神様に返さないといけないんだ。自分にはお金がある、知的な能力がある。それを全部、神様に返さないといけない。ただし、神様から受けたものの返し方というのは、神様に直接返すのではなくて、周囲にいる具体的に目に見える人間に返すのです——ここから、世俗における「禁欲」が出てくるわけですね。

だから、たとえば「ポケモンGO」に熱中しているプロテスタント教徒がいるとするならば、その人のプロテスタント的な倫理観はどうなるのかという疑問符が付くわけですね。気晴らし程度なら、まだいいよ。だけど十何時間もスマートフォンとにらめっこしているような人、これはやっぱり岡田尊司さんの『インターネット・ゲーム依存症』（文春新書）を読んだほうがいいわけ（笑）。神から授かった貴重な時間を、そういう形で無為に使ったらいけないんです。

パウロ的なキリスト教の特徴の一つに、時間の管理がうるさいことがある。時間も神様から与えられているものだから、それは、神様の栄光のために使わないといけない。

あまりに窮屈じゃないかと思う人もいるでしょう。いつも一所懸命仕事をしていないといけないし、寸暇を惜しまずに勉強しなければならない。その成果を得たところで、安楽のために使うこともない。「それで楽しいの？」と聞きたい人もいるんじゃないかな。

でも、それが楽しいんだよ。それこそが、パウロが言うところの「人間の楽しみ」に他ならないのです。パウロ自身、そういうふうに生きていますが、周りの人を感化して、自分と同じように思想改造していく天才的な能力の持ち主だったのですね。

ちなみに、この「受けるよりは与える方が幸いである」ということは、聖書の中に対応する言葉がどこにもありません。パウロしか知らない言葉です。パウロはイエスと会ったことは一度もないから、もしかしたらパウロの捏造《ねつぞう》かもしれない。でも、この「受けるよりは与える方が幸いである」とは、少なくとも近代のプロテスタンティズム、特にカルヴァン派を形成するところにおいては、一つの核になっています。

私の尊敬するチェコの神学者、ヨゼフ・ルクル・フロマートカは『無神論者のための福音』という著書に収録された説教でこの部分を使っているし、この本の解説を書いたカール・バルトもフロマートカのこの説教が一番すばらしいと言っています。

ちょっと補足すれば、カルヴァン派の伝統に連なるところのカール・バルトは「予定説」を取っていなくて、実は「万人救済説」を唱えています。バルトは二重の選び、神は滅びる人のことも事前に選んで、それから救われる人も選んでいる、と解釈しました。イエス・キリストが真の神の子で、真の人の子であるということで、選ばれている。そして、他の人たちの罪を背負って、滅ぼされている。イエスが登場したことによって、選ばれ、滅ぼされというプロセスが終わる。さっきの釣針理論と同じで、人間はすべて救われうる、という考え方になっているわけですね。

＊「毒麦」のたとえ

佐藤 もう一つ、問いかけをしてみよう。

キリストが現われることで万人が救われる可能性がある、というのならば、なぜこの世の中にヒトラーみたいな残忍な男が誕生したのか?

皆さんも、大学内を見渡してみてごらんよ。学生同士でも必ずしもみんな、波長の合う人ばかりとは限らないよね。この野郎、なんで神学部に来たのかと思う人がいますね。

では、なぜそういう存在が淘汰されないのかというと、これにもやはり聖書的な根拠があるんです。

「マタイによる福音書」のなかの「『毒麦』のたとえ」という有名なくだりを見てみましょう。

学生　〈イエスは、別のたとえを持ち出して言われた。「天の国は次のようにたとえられる。ある人が良い種を畑に蒔《ま》いた。人々が眠っている間に、敵が来て、麦の中に毒麦を蒔いて行った。芽が出て、実ってみると、毒麦も現れた。僕《しもべ》たちが主人のところに来て言った。『だんなさま、畑には良い種をお蒔きになったではありませんか。どこから毒麦が入ったのでしょう。』主人は、『敵の仕業だ』と言った。そこで、僕たちが、『では、行って抜き集めておきましょうか』と言うと、主人は言った。『いや、毒麦を集めるとき、麦まで一緒に抜くかもしれない。刈り入れまで、両方とも育つままにしておきなさい。刈り入れの時、「まず毒麦を集め、焼くために束にし、麦の方は集めて倉に入れなさい」と、刈り取る者に言いつけよう。』」〉（「マタイによる福音書」13章24－30）

佐藤　イエスというのは重要なことを全部、たとえでしか言いません。たとえというのは物語になっているから、頭によく残る。ただし、その物語によって何を言っているのかという説き明かしはほとんどなされないので、類比的に考えて、どう説き明かすかという読みときをしなければなりません。ところが、この「『毒麦』のたとえ」には、珍しく説き明かしがある。その部分、「『毒麦』のたとえの説明」を読んでみます。

学生　〈それから、イエスは群衆を後に残して家にお入りになった。すると、弟子たちがそばに寄って来て、「畑の毒麦のたとえを説明してください」と言った。イエスはお答えになった。「良い種を蒔く者は人の子、〉（同13章36－37）

佐藤　途中ですが、この「人の子」というのはイエス・キリストのことね。

学生　〈畑は世界、良い種は御国の子ら、毒麦は悪い者の子らである。毒麦を蒔いた敵は悪魔、刈り入れは世の終わりのことで、刈り入れる者は天使たちである。だから、毒麦が集められて火で焼かれるように、世の終わりにもそうなるのだ。人の子は天使たちを遣わし、つまずきとなるものすべてと不法を行う者どもを自分の国から集めさせ、燃え盛る炉の中に投げ込ませるのである。彼らは、そこで泣きわめいて歯ぎしりするだろう。そのとき、正しい人々はその父の国で太陽のように輝く。耳のある者は聞きなさい。」〉（同13章38－43）

佐藤　わかりましたか？　すなわち正しい人たちというのは、麦として蒔かれています。その麦は、生まれる前から決まっている。ところが、そこに悪の力がリアルなものとして存在する。つまり悪魔が来て、毒麦を蒔く。そして芽が出てくると、これは悪いやつ、つまり毒麦だとわかるんだけど、そこで抜いてしまおうと思ったらダメなの。根が絡まっているから、毒麦を抜くと、いい麦も全部抜けちゃうわけ。だから悪人も良いやつも最後までずうっと放っておく。放っておくんだけど、最後の審判のときに毒麦は毒麦として刈り取られて、火にくべられて、どんなに助けてくれとか、すみませんでしたとか言ったって、絶対に許してくれない。最初から選ばれている人間というのは、予定どおり神の国に入っていく——ということですね。

この点を強調したのが、十五世紀のボヘミアの宗教改革者のヤン・フスで、彼は毒麦のたとえを巡ってカトリック教会と対峙していきます。

聖書のどの部分を重視するかが問題になるんだけど、この毒麦のたとえとか、さっきの使徒言行録とか、こういう系譜をきちっと組み立てていくと、カルヴァン派的なものになって、パウロが好きなキリスト教徒になってくるのです。

＊難しい語学には二重の要素がある

佐藤　さて、皆さん、いま大学の語学の授業は週に何コマあるのかな。
学生　私は週一コマです。
佐藤　他の人も、ほとんど一回？　じゃあ、結論から言いましょう。予習復習もみんな、ほとんどせずに、実際、授業中だけで勝負しているでしょう（笑）。そうなると、大多数の人にとって、第二外国語の通算の学習時間は、前期・後期の試験の前に四時間ずつだとすると、一年間で八時間だよね。だとしたら、この時間は全部、無駄になる。やっても意味ないし、全然定着しません。それは保証できる。
神学部の学生だと、英語に加えてドイツ語、ヘブライ語、アラム語、アラビア語、ラテン語、ギリシャ語……と、語学マニアみたいにたくさん取る人もいますが、結局なに一つものになりません。おそらく大学入試のときの英語力が、半分ぐらいに低下して大学を卒業するという笑い話みたいなことにしかならない。この落とし穴に、みんなは陥らないように気をつけて下さい。
語学に限らず、すべての勉強がそうなんだけど、段階を経ないと習得できません。

私は、四段階に分けて、勉強の仕方を考えています。まず「入門」段階。これはもう、時間と手間隙をかけて、思考を停止してでもがむしゃらに徹する。「初級」段階になると、やっと自分で考えることが少し出てくる。「中級」段階は、半分以上考える。そして「上級」段階になると、考えることのウェイトがさらに高くなる。こういうように、分かれています。

これは、私がモスクワ国立大学と東京大学教養学部、それから外務省の研修生たちを指導したときの、これまでの経験からきたものなんだ。

繰り返しになるけれども、語学を習得するには、やっぱり時間がある程度かかる。外国語には、難しい外国語と、それほど大変ではない外国語があって、難しい外国語には二重の要素があるのです。それは、一つは言語構造が難しいという意味での難しいもの。もう一つは、教材が整っていないという意味で難しいもの。

たとえば日本でアルバニア語を勉強しようとする場合、教材はほとんど整っていません。しかも辞書が最近になってようやく整備されはしたものの、初学者が使うにはやっぱり限界がある。あるいはチェチェン語を勉強する場合には、チェチェン語の大きな辞書は「ロシア・チェチェン語辞典」しかないので、そもそもロシア語が完璧にわからないと手が付けられません。アルバニア語とかチェチェン語は、言語自体の構造が極度に難しいのに加え、適切な教材がないために、習得するまでに物凄く時間がかかってしまう。

その点、たとえばヘブライ語は難易度からしたら、同じセム系の言語であるアラビア語と本質的に変わらないくらい難しい。ところが、これはイスラエルで、ヘブライ語を母国語としない者を対象にした「ウルパン」という語学教室が機能しているため、これを通じた形で言語教育がものすごく良く制度化されています。だから、外務省の場合、二年の研修でヘブライ語は十分使いものになるのです。

学生 ちなみに神学部で、いま選択できる外国語は、どんな言語があるの?

佐藤 アラビア語にヘブライ語、ペルシャ語、アラム語です。

学生 アラム語は、どの時代のアラム語を学ぶのかな。

佐藤 旧約聖書の時代のアラム語です。

古いほうのアラム語ね。そうすると、今、並んだ言語の中で難しい順にいうと、一番難しいのはアラビア語。次が英語。その次がアラム語。アラビア語が難しいのはさっき話した二つの要因からで、実はアラビア語を勉強するというのは、ロシア語とポーランド語とチェコ語とスロヴァキア語と、それからあとセルビア語とクロアチア語と、それからマケドニア語とブルガリア語を全部、勉強するのと、だいたい一緒なのです。

書き言葉のアラビア語は、コーランのアラビア語をベースとして、一つです。しかし、話し言葉が全部、地域によって違っている。アラビア語を本格的に勉強するのなら、留学を前提にしないといけない。その留学は外務省で三年だから、皆さんの場合は五年は必要になる。

もっといえば、同志社大学神学部のアラビア語学習だけで留学準備レベルまで習得するのは、並外れた努力ができる人じゃないとまず無理です。いっそのこと、東京外国語大学か東京大学、大阪大学外国語学部でアラビア語を集中的に勉強できる学部の三年に編入することをお薦めします。もしアラビア語の専門家になる、アラブ地域の専門家を目指すのなら、それくらいのことを考えないと無理です。

ロシア語も一緒。同志社でプロレベルのロシア語は習得できない。本格的に習得したいなら、大学院は東京外国語大学か東京大学、大阪大学外国語学部に進学する。あるいは専門学校の東京ロシア語学院に一年半、通う。そういう計画が立てられなければ、実務で使えるレベルや本格的な研究レベルには達しません。

そもそも大学の第二外国語というのは、自分の語学力が英語レベルに換算したら中学三年生レベルなのに教えている先生がいくらでもいます。そういう先生に習ったら大変ですよ。

ある大学のロシア語の教科書を見て、腰を抜かしたことがあってね。複数形がないんです（笑）。単数形だけのロシア語を喋るなんてありえないでしょう。ロシアにいけば、二歳児だって複数形を喋るんだから。あまりに驚いたので、その教科書をつくった先生に聞いてみたら、「複数形の変化が大変だから。学生のほぼ全員が挫折してしまうので、単数だけの教科書をつくった」という、大学も大変な状況になっているわけだ。

では、真面目に勉強するにはどうしたらいいか。入門段階は英検になぞらえれば準二級レベルと考えると、これに必要なのは延べ一〇〇時間から二〇〇時間。入門の一〇〇時間は、できるだけ集中してやったほうがいい。ただし、集中しすぎてもダメです。

私がお勧めするスケジュールは、平日に三時間、土日は五時間。これで週に二五時間確保できれば、一カ月で一〇〇時間です。だから一カ月だけ英語なりドイツ語に集中して、一〇〇時間かける。アラビア語の場合は例外で、たぶん二カ月、二〇〇時間。こういう態勢で勉強したら、大学の単位取得ができるレベルには確実に到達します。

次に、初級レベルに進んだら、こんなにきつくやらないでいい。ただし、土日も含めて毎日、最低一時間は必要です。このペースだと、ひと月で三〇時間になります。十カ月で三〇〇時間。それでも結構大変です。十カ月から十五カ月これをやる。東京大学も含めて、どこの大学院でも確実に合格します。正しい学習法に則してやれば、この段階になると、語彙数が約七〇〇〇～八〇〇〇語になっていると思う。

そこで気を緩めずに、もうひと頑張りしてほしい。更にあと十カ月頑張ってほしい。そうすると、中級レベルになる。中級レベルになると、その語学を職業に生かせるようになります。すなわち飯を食っていける入り口にたどり着ける。英語でいうと、英検の準一級。それからTOEFLのiBTの95から100。すなわちスタンフォード大学とか、ジョージタウン大学とか、ブラウン大学などのアイビーリーグの大学に留学できるレベルに達します。

＊勉強の「踊り場」までは一気呵成に集中する

佐藤　この語学学習法と同様に、公務員試験や資格試験、教員採用試験を受ける場合は、いろんな専門科目がありますね。そのときも同じ方法が通用します。やっぱり集中的な学習法を使う。これをやると決めた科目を、平日に三時間、そして休みの日は五時間ずつ。

途中で科目のメニューは変えてもいいけれど、大事なことはそのタイミングです。ある科目を集中的にやっていると、ある段階までたどり着いた時に、踊り場に上がることがあります。でも、踊り場に上がる途中で止めると、いつの間にか下に落ちて、振り出しに戻ってしまう。まずは踊り場に上がるところまで一気呵成にやって、そこで息を整えてから次の踊り場に上がる……という繰り返しで、勉強を続けるのが理想的です。

それが入門、初級、中級、上級に分けるということの意味合いです。まずは踊り場に上がるところまで到達するのが大事。その間は他の勉強をほったらかしておいても構いません。ただし、自分がメインでやると決めた語学だけは、最低一五分でも毎日やる。これは筋トレと一緒です。

僕の場合、作家でしょ。一日に四百字詰原稿用紙換算で五枚以下しか書かないということはありません。これは職業作家になってから、もう十一年になるけれども、どんなに高熱を出した日でも、一日も欠かしていない。それからロシア語。檻《おり》の中に入っていた五百十二日を除いて、ロシア語の文章に触れなかった日は、僕が外務省に入省した一九八五年四月一日から、一日もありません。継続性は、ものすごく重要です。

政治学とか経済学、法学、心理学は、入門の段階においては、五〇時間から一〇〇時間あれば、十分。すなわち基本書を持ってきて、それを日に三時間ずつ、休みの日に五時間読むのであれば、だいたい三回から五回、読める。ノートはつくらないでいい。三回から五回、ひたすら読む。その訓練ができていれば、これはもう単位は楽々取れて、優も取れる。

次の初級段階に進むには、一〇〇時間から二〇〇時間でできます。そうすれば、大学院に合格する。さらに中級段階に持っていくには、これは国家公務員総合職試験や司法試験、あるいは公認会計士試験のレベルになってくるので、独学が難しいという話は前回しましたね。だから、ほとんどの人に必要なのは、じつは初級レベルまでなのです。

全部の科目を中級レベルまで持っていこうとする必要はありません。そこは「選択と集中」が必要です。

学生である皆さんがいま持っているもっとも貴重な資源は、時間です。そもそも学問に必要なのは何だと思う？　「時間と金」です。学生時代は、金はないけど時間はある。社会人になると、金はある程度あっても、今度は時間がない。だから今のところ、時間があるということは最大の特権なんだから、これを最大限活用してほしいんです。

＊投資銀行で働くための数学力

佐藤　そこで、これは欲を言えばなんですが、数学をやっておいたらいい。もう何度も聞かされて、みんな耳が痛くなったかな（笑）。数学は中学校レベルから再スタートしたとしても入門段階は、一〇〇時間から二〇〇時間でクリアできます。次の初級段階は、高校三年生の数Ⅲレベルですが、ここまで行くには、人によって異なりますが二〇〇時間から六〇〇時間かかる。ここまで到達できれば、日本社会の中では上位三パーセントに入る。残念ながら日本の数学力は全体的にものすごく低下しています。でも裏返すと、そのお蔭で上位三パーセントへの入場券が手に入るわけです。

ふつうは数検二級、高校の数ⅡBレベルで十分です。二級を持っていれば、文系なら東大でもどこでも、数学でパスできるレベルです。だから大学在学中に数検二級を取って、これを就活の入社志願書に書いておけば、総合商社にしても、ちゃんとその点はプラスの評価をするはずです。

海外の投資銀行で働きたいと思ったら、やっぱり数学力は必要です。投資銀行で五年なり十年なり馬車馬のように働いて荒稼ぎして、三億なり五億なり、個人資産をつくってしまう。そのあとは自己実現の人生を送るというライフストーリーもありますす。実はアメリカの大学の神学部には、ときどきそういう人がいるんだ。三十歳をこえて入学してきますが、既に一生分の金は稼いでいる。

本当に、いろんなライフスタイルがあると思う。そのとき、数学力は非常に頼りになる存在だし、武器にもなりうるんです。ただし、その場合は経済数学や工学部の授業レベルでの数学力が必要になるので、比較的適性のある人でも五〇〇時間、普通の人だったら一〇〇〇時間はかかることを覚悟しなければならないです。

＊モンテッソーリ教育に学ぶこと

佐藤　あと、もう一つ、勉強の仕方と関連してお話ししたいと思っているのは、勤勉性を身につけるための、マリア・モンテッソーリの話です。

モンテッソーリ教育って、聞いたことがありますか？

モンテッソーリという人は、十九世紀末にイタリア人女性で初めてローマ大学医学部に入り、最初に医学博士号を取った人です。ところが、医学博士になるような女性は生意気だといって、医学部で意地悪をされた。解剖実習の時間も、彼女一人だけにされるなど、ひどい目にさんざん遭ったそうです。その後の就職でも、彼女の成績がいいだけに男どもに意地悪されて、本人の意に反して、精神病院で子どもの精神病を担当しろといわれてしまう。

マリア・モンテッソーリが出会った障害のある人というのは、今でいうところの発達障害の人たちでした。発達障害とは、本人の責任でも何でもなく、今の学説においては、遺伝的なものとか、出産時のちょっとした脳の形状の問題ということになっていますが、ただ昔は「ちょっと変わっている」というだけで、精神病院に入れられていたわけです。

ところが、モンテッソーリは子どもたちを虚心坦懐に見ているうちに、世間の見方のほうが誤っているんじゃないかと思い始めます。そういう子どもたちには、みんな、豊かな才能があるし、大人にも変化を与えられるということに気付くわけです。その一方で、彼女は男権中心的な世界というものに反発して、女一人で生きていく、好きな人の子どもはつくってもシングルマザーとして生きていく、という流れをつくった先駆者でもあるのです。

彼女が提唱したモンテッソーリ教育とは、生後十カ月から始まります。

十カ月から幼稚園に通い始めるのですが、一日何時間面倒を見ると思いますか？朝の九時から夜の七時まで。食事も栄養士が用意する。幼稚園で過ごす間は、昼寝の時間もありますが、基本的には運動と勉強がすべて。細かくプログラムが組まれていますが、押し付けは一つもない。

クラス分けも、同年齢の子どもだけの横組みのクラスでなく、縦組みです。○歳児から三歳児までのクラスとか、三歳児から六歳児までのクラスになっている。クラスの中では、お姉ちゃん、お兄ちゃんが年少者を教えるというスタイルになっています。強制は絶対にしない。すべて説得して教える。子ども同士がオモチャの取り合いをしていると、レフリーとして先生が入ってきて、なんでオモチャを取るのかと、理屈で説明させる。そして、理屈の正しいほうに渡す。もしも力の強い子がいたら、その事実をみんなで認める代わりに、力の強い子がオモチャをいくつも取っていたら、その子はそれを人に分け与えないといけないでしょ、と教える。すると物事を総取りするという発想が、なくなるのです。

このモンテッソーリ教育を受けた著名人には誰がいる？　ウィキペディアを見てごらん。

学生　アンネ・フランク（アンネの日記著者）、キャサリン・グレアム（ワシントン・ポスト経営者、ジャーナリスト）、ジェフ・ベゾス（Amazon.com 創立者）、サーゲイ・ブリン（Google 創立者）、ラリー・ペイジ（Google 創立者）、ジミー・ウェールズ（Wikipedia 創設者）……。

佐藤　そうでしょ。こういう人たちはみんな、モンテッソーリ教育から生まれている。これは本来は障害児、それから貧困層の子どもたちの教育レベルをいかにして上げて、将来、社会的に転落しないようにするかというシステムです。実際、モンテッソーリ・システムで、〇歳から六歳までの教育をきちんとした場合は、フィンランドが顕著ですが、教育の水準は上がっているし、貧困の問題も相当解決できている。

モンテッソーリ教育をやっている幼稚園をこの前、見学に行ったのですが、非常に面白かった。

教室にいろんな遊具が置いてあって、子どもたちがやりたいものを勝手に選ぶんだ。その時は、二歳半の女の子が、普通は四歳くらいの子がやる、針を使って、ボタン穴に通して、何かと結びつけるという作業をやっていた。二歳半だとまだ手先が器用じゃないから、なかなかできないわけです。十分ぐらい一人でやっていたけど、ついに「できない！　できない！」と、机に手を叩きつけて、突っ伏して泣き出したんです。

すると先生が横に来て「〇〇ちゃんには、ちょっとこれはまだ早いよ」って、「こっちの（年齢相応の）をやるよ」って言ったら、「嫌だ！」と言う。しばらく「できない！　できない！」と泣いていたけど、泣きやんだと思ったら、もう一回トライした。そうしたら今度は四十分ぐらいチャレンジし続けているんですね。最後にようやく紐を通すことができた。そうしたら、立ち上がって自分で「できた！」って言って、拍手していました。

要するにこうして、自発的に根気をつけさせていくわけです。〇歳から毎日十時間ここに来ているから、今度は小学校に上がると、午後には時間を持て余す。勉強時間が足りない、もっと勉強したい、もっと運動したいって言い出すのです。

なんでこの話をしたかというと、こういう勉強をして、ジェフ・ベゾスのような人たちが登場してきた事実から、学び取ってほしいと思ったからなんです。つまり、この人たちの成功の秘訣は、〇歳から六歳までに身につけた勤勉性だということです。こういう勤勉性が身についている子どもは、毎日三時間、土日には五時間の勉強をすることも全然、苦にならない。だって、生後十カ月のときから訓練されているわけだから、集中力がある。「できない！　できない！」って、泣きながらでも向かっていく。

結局、勉強は集中力と時間の掛け算です。ダラダラじゃあ、いくら長時間していてもダメ。

モンテッソーリ教育というのは、文字を無理矢理教えないし、数字も無理矢理教えません。その代わり子どもが自然に関心を持ち始めたら、その子に数への特性があれば、幼稚園で四則演算を超えて、三角関数ぐらいまで行く場合もある。あるいは語学に特性があれば、英語とフランス語とドイツ語、六歳で三つの語学をやっている場合もある。しかし、関心を示さない子どもには、絶対に無理にはやらせない。基本的に関心を持ったことをやらせる。ただし一定の社会秩序を教えると同時に、人のために自分の能力を使っていくとか、あるいは親を大切にするとか、そういうことを刷り込む教育法です。

実はいち早くそこに注目した政治家が、イタリアのベニート・ムッソリーニでした。モンテッソーリはノーベル平和賞の候補に何回かなりますが、選に漏れたのは、最終的には決裂したものの、初期にムッソリーニと親しかったからだと言われています。

彼女はカトリック文化圏の人ですが、こういうユニークな女性の教育学者がいた事実を、われわれは知っておくべきだし、このモンテッソーリ・システムというのは、話は俗に落ちるが、若いうちに身につけておけば金になる。自立して生きていくときのプラスになります。

教師の仕事として、特に私みたいに実務家をやっていた人間ならば、皆さんの将来の生活のこともつい考えてしまいます。知的関心だけじゃなくて、こういう資格を取っておけば、実際にそれが職につながるし、それが一定の収入にもつながることを教えるのも、私の役目なのかもしれません。保育士の資格だけだったら、それはそこまでだよね。ところが、モンテッソーリ教育の資格を、国際モンテッソーリ協会から承認される形で持っていれば、話は全然違ってくる。これは大学の先生と同じで、幼児教育の専門家という扱いになるわけです。

＊メモ起こしからノートづくりまで

佐藤　今日の授業でも、バングラデシュでの事件の話から始まり、キリスト教のテーマ、そして勉強法についてなど、いろんなテーマについて話をしましたが、皆さん、ノートはとっていたかな。じつは学力を一番つける方法って、ノートづくりなのです。

講義を聞いたり、人の話を聞くときに、大事なことはメモを取るでしょ。なかには速記記者のように全部ベタにメモを書く人もいますが、書くことに集中しすぎると聞くことができなくなります。だからメモは最小限にして、話を聞いたあとで、記憶に残っているうちに、ワープロでもいいし、手書きでザッという書き方でもいいから、メモ起こしをすることが大切です。メモ起こしがきちんとできるようになれば、聞いた話の内容を理解できているということの証です。これが実は学力をつける上ではすごく重要です。

その際に注意すべきは、固有名詞と数字です。人名、書名、地名、年号、日付、金額。こういったものは、あとで調べ直そうと思っても不可能な場合もあります。

だから、こうした重要タームが聞き取れなかったときには、恥ずかしがらずに相手に聞きなおしてください。

メモ起こしができるようになったら、自分の興味があって、授業内容に惹かれるものがあれば、その講義録をつくると、さらに理解が深まるはずです。

こうしたノウハウを身に付けておくことは、社会に出てからも重要です。ジャーナリストになるのなら、取材相手の話を的確にメモに纏めることは日常です。また企業や役所に入っても、会議や交渉の議事録を作る作業は避けて通れませんが、そのときにもこの技術が役立つのは間違いありません。

では、次回が最終回の授業になります。

【佐藤先生から学生へのメール……大学院神学研究科進学希望者へのアドバイス】

大学院神学研究科への進学を希望する人の中に、「大学院に行けば自動的に研究者（大学教師）になれる」と何となく考えている人がいるので、率直なアドバイスをします。

1. 現在、大学の専任教員になる道は、非常に狭くなっています。
(1)その第一の理由は、少子化で大学生の数が減っているので、必然的に教員の数も減っていることです。
(2)第二の理由は、日本経済が右肩下がりになっているために経済的理由で大学進学を断念する人が増えていることです。その結果、一部の私立大学は経営危機に陥りかけています。また、旧国公立大学では急速に統合再編が進んでいます。その結果、教員数が今後、削減されることになります。
(3)第三の理由は、各大学が受験者数、入学者数を増やすために、大学外の人材(ジャーナリスト、官僚、評論家、極端な場合は芸能人)を教員に採用しているからです。その結果、大学院―非常勤講師―専任教員というコースで教員になる人の枠が減少しています。
2. (1)大学院博士課程前期(修士課程)に進学し、仮に2年後アカデミズム以外の就職に転じようとした場合、企業や役所は大学新卒と同じ扱いをします。企業によっては、大学院卒の方が若干有利な場合があります。企業、役所の双方で、大学院の2年間は勤務に準じる扱いを受けるので、初任給は大学卒より高いです。

（2）ただし、修士号が取れていることが条件で、単位取得退学の場合は、大学卒業後、就職浪人をしていたのと同じ扱いになります。

3.（1）大学院博士課程後期に進んだ場合、民間への就職は、かなり困難になります。公務員試験も高得点でなくては、採用されないです。ただし、民間ほど扱いは厳しくなりません。

（2）大学院博士課程後期で博士号を取得した後も、非常勤講師に就職できる人は20〜30人に1人の狭き門になります。30代半ばになってやっと非常勤講師の職が得られたという事例も珍しくありません。しかも、その場合の収入は年間数十万円です。親の仕送り、配偶者の支援が期待できない場合、必要な生活費は自分で稼がなくてはなりません。大学の非常勤講師とともに予備校、学習塾、警備会社などでアルバイトをしている例は珍しくありません。

（3）非常勤講師の職を得るまでは、日本学術振興会特別研究員に採用された人を除いては、生活は非常に厳しくなります。コンビニ店員、工事現場の交通整理、宿直員などで生活費を稼いでいる事例も珍しくありません。

（4）博士号を取得できず、単位取得だけで退学した場合、よほど特殊なコネクションがない限り、非常勤講師、専任教員に採用されることはありません。

（5）新規の教員の採用条件は、40歳未満、42歳未満となっていることがほとんどです。従って、40代はじめまでに専任教員として就職できないと、その後、採用される可能性は特別のコネクションを作ることに成功した人を除いて、まずありません。大学院博士課程前期に進学したうち、専任教員で就職できるのは50～100人に1人で、しかも、実力だけではなく、どのタイミングに自分が専門とする分野の欠員が出るかという偶然に左右されることが大きいです。

4.（1）日本の民間や役所は、大学卒業が4年以上遅れた人の採用を嫌います。つまり2浪1留、1浪2留、3留（難関な公務員試験や資格試験を目指していた場合にはあり得る）までは、就職の門は広いです。3浪の場合は、面接で理由をかなり聞かれます。

（2）既に4年以上、遅れている人は、私に直接相談してください。事情を聴取した上で適切なアドバイスをします。

5. 以上のことから、大学院博士課程後期に進むときは、相当の覚悟が必要とされます。一生をかけて研究したいテーマがない場合、後期に進学することを私は勧めません。

6. 本当に研究したいテーマがあるなら、新聞記者、総合商社、中央官庁、シンクタンクなど、勉強することを奨励する環境に就職すれば、仕事をしながら研究を継続することは可能です。この場合は、博士課程前期を終えた直後に就職するという計画を立てる必要があります。

第4講

2016.8.6

復活の日に向けて

＊神童が伸び悩む理由とは

佐藤　今日の授業が最終回になります。皆さん、これまでの三回を受けた感想は、どうだろう。神学部の授業で、まさか歴史や数学の小テストをやらされるとは思わなかったんじゃないかな（笑）。それでも、受講者の数が減らなかったのは、私としては嬉しいです。

授業を通じて、学生が教師の言っていることを吸収していくという信頼関係を構築できるかどうかというのは、これは教師の腕にかかっています。何人か全然、復習してくれない人がいるとか、歴史の試験の点が全然上がらない人がいるということは、じつは皆さんの問題ではありません。むしろ教師たる私の問題で、それだけ私に魅力がないということなのです。教師の言うことを学生が真面目に捉えないということは、関係性の構築に失敗した証です。

授業料を取って、教室に来てもらっているのですから、入学試験をパスして入った以上は、学生に勉強をさせる環境や雰囲気をつくるのは、教師サイドの問題であり責任なのです。

総じて皆さんは、成績が伸びています。授業の理解も深まっています。ただし、伸びていない若干名に関しては共通する特徴がある。はっきり言えば、自分は頭がいいと思っている人たちです。

それには二つのタイプがある。一つは中高一貫校の出身者。もう一つは、地方の進学校の出身者。これは東京の日比谷高や西高、埼玉の浦和高のように、毎年、東大に三十人から五十人入るという学校ではなくて、東大合格者が数人から多くて十人ぐらいの地方の進学校です。こういう学校の出身者に往々にしてあるタイプは、中学時代は神童と言われていたけど、でもその後は勉強の手を抜いている。中学時代、あるいは中高一貫校の場合は小学校時代、抜群にできたときの記憶が残っているから、少し勉強しさえすればすぐにできるようになる、あるいは今の自分はまだ実力を出し切っていない——そう考えてしまう。

神学部に来た理由も、たとえば芸術系の大学を受けるのと似ていて、風変わりな学部を受けることで、中学や高校時代の他の同級生連中とは違うというポーズを気取っているつもりかもしれません。実はそれは競争を回避したにすぎないし、その回避を合理化しているだけなのです。復習をしない、予習をしない。だから、できないのは当たり前だと、自分の中で納得させている。

心理的な状態としては、高いプライドと自信のなさが同居している。自分できちんと勉強して試験に向かっていくのが怖いのです。

当の本人にすれば、斜に構えてダンディでかっこいいと思っているかもしれませんが、周囲から見ると滑稽なだけだよね。近い将来に、誰からも相手にされなくなります。こういうタイプの人について知りたければ、前にも話した柚木麻子さんの『伊藤くん A to E』を読んでみてください。そして、そうならないように自らを戒めることも忘れないでくださいね。

＊勉強できる職場環境とは

佐藤　つまるところ、学生時代だけでなく仕事を始めてからも、勉強は続きます。皆さんは学生の立場だから、勉強が生活の中心になりえますが、実際に仕事を始めると、その環境は変ります。できれば皆さんには、職場環境の良いところで仕事をしてほしい。

ここで私がいう良い環境とは、勉強することを奨励する体質がある職場のことです。たとえば、出版社なら、勉強するのを冷やかすような体質とか、少なくとも本を読んでいると「なんだ、本ばっかり読みやがって」と言われることはありません。これは外務省も同じだし、総合商社も基本的にそうです。なぜなら勉強することが、本人と仕事、ひいては会社や役所に力を与えるからです。

また総合商社や中央官庁というのは、人材研修に対してかける金の桁《けた》が違います。外務省だったら、一人当たり一五〇〇万円から三〇〇〇万円はザラです。私がいま、こうして飯を食っていけているのも、海外研修を含めた外務省時代に学んだ蓄積があってこそです。

もちろんその前段として、同志社の神学部で、基礎的な勉強に対する姿勢を身につけることができたことも無視できません。

でも、やっぱり外務省で基礎訓練を受けたことは、非常に大きい。私一人をつくるのに、二〇〇〇万円から二五〇〇万円もの先行投資をしてくれたのですから。本来はこうして大学の先生などしている場合ではなく、外務省に入った以上は六十三歳まで外交官をやらないといけないのです。ただ、私は特殊な事例で、外務省のほうから出ていってくれないと困るということになって現在に至ったのですが、それはまた別の話（笑）。

いずれにせよ、社会に「出る」というより、社会に「入る」ための入場券を購入するには、それなりの努力は必要です。だから、大学生時代に努力をしなければ、買える入場券というのはそれなりの入場券にしかなりません。大学のときに努力をすれば、それに相応したプレミアム入場券が買えるようになる。その努力をするか否かで、その後の一生の中における仕事の充実度や働く環境、そして経済的な豊かさの差はすごく大きくなります。その点は、ぜひ自覚してほしいのです。

＊学生時代の三〇〇万円か、四十歳の一〇〇〇万円か

佐藤　では、社会人と学生の、最も大きな違いは何だと思いますか？

学生　学生は時間はあるけど、お金がない。社会人はお金はあるけど、ヒマがない。

佐藤　そう。時間と金の関係が逆転するのです。学生は時間が山のようにあるけれど、しかし金がない。そうすると、金の部分というのは、時間で代替することができるんだ。

たとえば今、アルバイトしている人がいると仮定してみよう。家庭教師や塾講師で、だいたい時給一五〇〇円から二〇〇〇円ですね。ところが、コンビニとか他のバイトと比べて結構いいなと、学生ならつい考えがちです。一日八時間労働して、いくらになる？　時給一五〇〇円だったら、日給一万二〇〇〇円、週五日で六万円ですね。月換算で二四万円です。では、年収にしたら、いくら？　三〇〇万円にもならないね。

学生時代のあり余る時間を、目の前の三〇〇万円のためにバイトに使うよりも、四十歳で年収一〇〇〇万円稼げるような企業に入るための勉強につかえばどうなるだろう？　それは時給一五〇〇円じゃなくて、時給五〇〇〇円ぐらいの価値のあることなんだ。

そう考えてみると、学生時代にバイトにいそしむよりも、英語やドイツ語、さらには哲学や神学の勉強に費やす方が、将来的には大きなリターンが見込まれることに気づくはずです。

だからアルバイトに関しては、お金を稼ぐのがどれぐらい大変なことかを皮膚感覚で覚えるためなら勧めますが、期間は三カ月くらいに留めるべきです。

私も学生時代には時給四〇〇円で、喫茶店でバイトしたことがあります。だから今でもサイフォンでコーヒーを淹《い》れるのには自信がある。

そこのマスターはすごく面白い人で、もともと島根県の浄土真宗のお寺の跡取りなんですが、バイトの最中にもしょっちゅう二人で話をしました。

「佐藤君は神学部で、勉強したいことがあるんだろ？　それに経済的には困っていないよね」

「いや、親から自立して、ある程度やってみたいと思ったんです」

「それは三カ月ぐらいでいいんじゃないかな。学生時代の時間というのは、もう取り返しがつかないよ。あなたは勉強が好きなんだから、いま思いっきり勉強したほうがいいよ」

喫茶店のマスターにそう言われたことは、記憶に鮮明に残っています。

そういえば、「なんでお坊さんにならなかったんですか？」と聞いたこともありました。マスターの答えはこうでした。

「俺はやっぱり他力本願は本物だと思うし、浄土真宗を信じている。しかし、坊さんになって一生やっていくということになったら、逆に自分の信心を商売に使うような感じがしたんだ。そのとき、やっぱり商売には使いたくないな、と思った。だから坊さんになりたいとは、自分の心の底からは思わない。坊さんになるのには、ご縁がなかったんだ」

このマスターの言葉は、われわれプロテスタントにおける召命感の問題に近いよね。これは私にとって、すごくいい出会いでした。

ただし、経済的事情に関しては皆さんそれぞれだし、他人が容喙《ようかい》できない部分もあるよね。授業料だけは親に出してもらっているけども、生活費は自活しなければならない人。生活費の一部しか仕送りがないので、プラスアルファの部分は自活しないとならない人。いろんな問題を抱えている人がいると思うんです。

この点で忠告しておきたいのは、最近の風潮に逆らうようですが、なるべくなら奨学金はもらわない方がいい。特に有利子奨学金を受けるのはやめた方がいい。この返済が滞ることは、消費者金融の返済滞納と同じことで、ブラックリストに載ってしまいます。そうなるとクレジットカードの審査も通らないし、ましてや将来的に住宅ローンを組むことなど不可能になってしまいます。

親が老後資金を貯めていたりして、お金に多少の余裕があるのなら、学費などの経済的問題はまずは家族間で解決策を探すのがいちばんです。相談した上で、金利と返済猶予期間をきちんと決めてから、親子間で金銭貸借の公正証書をつくって、親に貸してもらったらいい。その相手は、お兄さん、お姉さん、お祖父さんでもかまいません。相談できる身内がいれば、そして頼れる相手がいれば、そこで解決するのがベターです。

学生時代は極力、経済的なことに追われないほうが、私はいいと思っています。経済的なことに追われると、それが十分な勉強ができないことの言い訳になってしまうからです。

*これが一五〇〇時間の勉強習慣のつけ方だ

佐藤 勉強全般について言うと、今の段階で皆さんは、絶対量としての勉強時間が足りません。
勉強時間が足りないと、特に公務員試験や資格試験に通るのはまず無理です。たしかに公務員試験や資格試験の中にも、警察官や刑務官など、比較的易しい試験はある。しかし自分は公務員になったという体面を整えるためだけに、それらの試験を目指すなら、再考したほうがいい。合格しても、いざ入ってみると、現業職はものすごくしごかれるし、体力勝負の世界だから続かなくて、一年か二年で辞めることになりかねません。そうすると職歴に空白期間ができるため、民間への再就職もなかなかできません。こういう負のスパイラルに陥る危険性は十分想像できます。

この問題は、キリスト教の問題ともかかわっています。キリスト教には原罪という考え方がある。自分を見つめてみると、われわれはみな問題を抱えている。人よりも自分が偉いと思いたいとか、人を馬鹿にしたいとか、様々です。それを聖書に照らすと、情けない自分がいることに気付かされる。そこを認めると、虚心坦懐に、今の自分を客観的に見つめることができるようになる。これこそが、キリスト教の強さなのです。

では、勉強の習慣がついていない人は、どうすればいいか。前にも言ったように、まず一年間に一五〇〇時間、勉強できる態勢をつくることです。

時間の確保はそれほど難しいことではありません。大学の授業とは別に、平日は三時間、土日で五時間ずつ。ここには、語学の勉強も本を読むことも含まれます。これで週二五時間を確保できます。一年五一週として一二七五時間で、あとは夏休みと春休みの間に足りない分を補充すると、だいたい一五〇〇時間になる。

問題は、この一五〇〇時間勉強する習慣を、どうやって作れば良いのか？　秘訣はグループ学習です。三、四人のグループで集まって、最初は毎日三時間ずつ、とにかく一緒にいて、みんなで机に向かう習慣をつけることです。英語を勉強する人の向かいの席で、神学の教科書を読む人がいてもいい。そして各々個別の勉強をして、三時間経ったら別れる、ということをやる。土日もできれば五時間ずつ同じ場所に行って勉強するということを、二カ月なり、三カ月なりやってみる。それで学習ペースが摑めるようになれば、あとは一人でもやれます。まずは机に向かう習慣づくりが肝心です。

なかには性格的にグループ学習はどうしても嫌いだ、一人でないと勉強できないという人もいるでしょう。その場合には、有料の自習室を使うことを勧めます。有料の自習室は、都市部や大学街なら、どこでもある。月八〇〇〇円とか一万五〇〇〇円の利用料で、机があって、エアコンが効いていて、コーヒーぐらい飲めるスペースがありますね。その自習室に、お金を払って通うこと。これを利用すれば、何時間勉強したかもカウントできます。自習室を使うくらいなら図書館でやるという人もいるかもしれませんが、図書館はやめた方がいい。図書館には寝ている人も多いし、自習コーナーは順番待ちだったりすると、時間の無駄です。

そもそも、人間はケチな生き物です。身銭を切ったら元を取り返そうと思うはず。当座の懐具合は寒くなっても、結果的には有償の自習室を使うほうが収支がプラスになると割り切った方が賢明です。

＊博士号があっても大学教師になれない

佐藤　それから先日、ちょっと厳しめなメールをみんなに送りましたが、大学院に行けばそのまま大学の教職に就けるというのは幻想だから、過剰な期待は抱かないようにしてください。

大学院への進学も、修士課程まではまったく構わない。企業や役所に入った場合でも、修士課程の二年間は、遅れとして計算されません。逆に大学院での二年間は、一般就職の一年分としてカウントされる企業や役所も多く、同期の人間よりも一年分、給料が良かったりもします。

しかし博士課程に進むことは、研究職になる以外に、プラスの要素は何もありません。

ましてや、コースで博士号が取れなければ論外です。コースで学位をとっても、非常勤講師になれる可能性は、全体で三十人から五十人に一人です。これは同志社の神学部のケースではなく、東大や京大も合わせた、大学全体の数字です。

その三十人から五十人に一人という幸運の持ち主がもらえる年収は、どれぐらいだと思う？　非常勤講師の報酬は非常に安くて、九十分授業が週一コマで月額約三万円です。それを掛け持ちしたとしても、年に数十万から一〇〇万円にしかなりません。だから学歴を詐称して、高卒だと偽って、コンビニでバイトをしたり、ガードマンをしている〝博士〟は私の周りにも何人もいます。いわゆる「高学歴ワーキングプアー」ですね。

非常勤講師になれるのは、運が良ければ、早くて二十代の終わり、標準的には三十代の前半です。そのあと隘路《あいろ》があって、専任教員として就職するときの年齢制限を四十歳から四十二歳にしているところが多く、また非常勤の教歴がないと、専任教員としてはまず採用されません。そうすると、非常勤になってから専任になるまでの猶予期間は十年もありません。しかし、専任教員には、実力だけで上がれるものでもない。自分が専攻している分野の空き、つまり欠員がないと、そもそも採用枠がありません。

文科系の場合、大学の専任教員になれるのは、希望者の五十人から百人に一人というのが、厳しい現実の世界なのです。

でも、裏返して言えば、本当にやりたいことがある場合には、研究職を目指したらいいと思う。私は一浪して受験した時に、同志社の神学部に行くか、合格した他の大学に行くか迷って、高校時代の一番尊敬している倫理の先生に相談に行きました。東大倫理学科で大学院まで出ているその先生に、「好きなことをやって、食べていくことはできないですからね」「本当は神学か哲学をやりたいんだけど」と、つい零《こぼ》したのです。

するど、先生にゆっくりした口調でたしなめられました。

「私は自分が知っている中で、人生において好きなことをやって、食べていくことができない人は、一人も見たことがありません。『本当に』好きなことだったら、それをやって食べていけている。本当に好きなことじゃないから、途中で断念するんだ」

それを聞いて、「やっぱり僕は、哲学か神学をやりたいから、そっちへ進んでみよう」と考えが固まったのです。

神学部に入ったあとも、大学の教員になる気はなかったし、ましてや大学の中では結構〝暴れて〟いたから、学生運動の活動家が大学に残るのはかっこ悪いというのが、私の内的な価値観でした。やっぱりやりたい勉強を続けるために、外交官を選んだのです。本当はチェコの勉強を続けたかったのにロシアが専門になるとは想像もしていなかった。けれども、勉強自体は自分で続けてきたので、結局はライフワークと思っていた本を訳すこともできたし、その関係の本もいくつか出すことができた。今回のように教鞭をとる機会にも恵まれたし、やっぱり本当に好きなことをやったら、食っていけます。倫理の先生の言葉は間違っていなかったと、感謝していますね。

だから、「本当に」好きかどうかを見極めるのが大事です。

それから、聖書科の教師になりたいと思っている人に関して。

聖書科の教師というのは、その学校の牧師、チャプレンです。少なくともその学校に所属している補教師になるということです。そのためには、補教師資格、要するに牧師の資格を持っていないと就職口はまずありません。

牧師の資格を取るには、どの教科でも最低二年、教会に真面目に通った信徒歴が必要です。学部の四回生や大学院の一回生、二回生になってから、ふと思い立って洗礼を受けても、聖書科の教師に就職することは不可能です。

そもそも聖書科の教師になるために洗礼を受けること自体が本末転倒で、絶対にダメです。しかし、自分が信仰を持って、聖書科の教師を志願しても、聖書科の教員免許だけで補教師資格を持っていない人は、応募資格の段階ではねられることがあるので、その点をよく注意してください。

　一方で、教員採用試験を目指して神学部で勉強している人たちで、キリスト教徒になる意思がまったくない場合は、別の科目の準備を早めにすべきです。この準備に時間がかかるのなら、その目的のために神学部の大学院に上がっても構わない。英語科なり、社会科なり、国語科なりで、どれぐらいの単位数が必要か、教科教育法の単位をとるためにどれぐらいの期間かかるかを調べて早めに準備することです。教員は今後五年から十年、比較的採用の口があります。団塊の世代の教員が大量に定年を迎えたので、都市部を中心に、教員採用試験は合格しやすいはずです。

　教員採用試験の場合は、仮に本試験に合格できなくても、免許を持っていれば一年更新の非常勤講師の口があります。非常勤講師として中学や高校の先生をやった経歴を生かして専任に就職していくという道も残されています。

＊ハンデになる留年は何回までか

佐藤　ここまで、具体的な就職での注意点をあげましたが、もう一つ皆さんが見落としがちなことがある。それは、遅れと就職の関係です。現役で大学に入学し、四年で卒業した人と比べて、四年以上遅れている人に関しては、役所でも民間でも採用するときに、理由を根掘り葉掘り聞かれると思って覚悟してください。

遅れも三年までは、まず大丈夫です。たとえば一浪二留や二浪一留は、十分ありうる。ただし三浪とか、それ以上に三留していると、その場合も理由を根掘り葉掘り聞かれると思ってください。

なぜでしょうか? 要するに役所も企業も、勤勉でない人を採りたくない。それだから、大学で三年間も遅れたのには、それ相応の理由がないと具合が悪い。実は外国に留学したけれども、単位の交換制度がなかったために遅れました、というのであれば、それはまだしものエクスキューズになる。その場合も、三年間の留学をなぜ選択したのか、その理由は質問されるはずです。

就活に関しては地域によって温度差があります。東京の学生は二年生頃からピリピリしはじめますが、全体的に京都の学生はのんびりしている。だからこそ、就職の方向性についてだけは、早めに考えておくべきです。三回生の終わりや四回生になってからバタバタして、取りあえずモラトリアムのつもりで大学院に上がったはいいけれど、こんどは大学院に上がってからも同じことの繰り返しで……となると悲惨なことになる危険性がある。

いずれにせよ、今のうちから一定の時間、机に向かって勉強できる習慣、一年間に一五〇〇時間の勉強ができる習慣をつけておくことが、将来どんな仕事に就けるかの、一つの分岐点になるのは間違いありません。年収一〇〇〇万円か三〇〇〇万円かの分かれ道は、学生時代の習慣にかかっているのです。

＊読んだ本は一〇〇字でまとめる

佐藤　では今回は簡単な小論文というか、アンケートみたいな試験をやります。全部で三問です。

まず一問目。「本講義が始まってから読んだ本（ジャンルは問いません）のうち、三冊の著者名とタイトルを書いた上で、そのうちの一冊について要旨を記せ」。一冊も読んでいない人は「なし」と記すこと。それは正直に書いてください。書名がうろ覚えだったら、ノートやインターネット情報を参照しても構いません。加えて、そのうち一冊だけ取り上げて、感想じゃなくて要旨、どういう内容が書いてあるかを、一〇〇字程度で書いてください。

二問目。「将来、どういう職業に就きたいと思うか」。具体的な職業が未定の場合は、無理してでもいい、以下の枠の中で書いてください。キリスト教関係に進むか、民間企業か、公務員か、あるいは自由業、個人事業主とか、現時点で書きうる範囲で具体的に書いてみてください。

三問目。「神学部、あるいは大学院神学研究科在学中の学習計画を記せ」。これはなしじゃ困るんだ（笑）。要するに在学中に、自分は何を習得しようとするのか。そして、それに関する道筋をどういう手法でつけていくか。自分の考えられる範囲で考えてみて。

三問を二十分で作成してください。

学生 質問です。本は通読していることが条件ですか。

佐藤 はい、通読していることが条件です。ただし、アンソロジーや短編集のうちの一本を読んだということだったら、それは構わない。短いものでも完結していればOKです。

大学生としては、月三冊から五冊の読書は必須です。単行本でも新書本でも文庫本でも、小説でもなんでもジャンルは問わないから。小遣いで購入するのでもいいし、図書館で借りて読んでも構わない。まずは読むこと自体が重要です。

あと、このレポートを書くときに、取り上げる本の横のタイトルのところには「×」印を付けてくださいね。ちなみに何か選択するときに「○」印を付けるのは日本だけの習慣で、ヨーロッパでも、ロシアでも、アメリカでも、「×」印が国際標準です。チェックは「×」印を付けるという習慣を付けておくほうがいいです。

（テスト用紙の回収と講評）

佐藤　皆さん、しっかり書けましたか？

実はこのテスト、何の練習をしてもらったかというと、就職活動のエントリーシートの予行演習なんです。このスタイルは、外務省のエントリーシートと似ています。外務省では、直近に読んだ本を三冊と、その感想を必ず書かせます。それを読めば、その学生の知識の幅や思想傾向が、だいたいわかります。

面接では、その本の内容について、突っ込んで聞かれます。なぜ詳しく聞くかというと、正直かどうかのチェック。読んでいないものを読んでいると言っているんじゃないかを確認するためです。

それから面接用のマニュアル本が本屋の就活コーナーにたくさんあるけれど、企業や役所の採用担当者はそうした内容を徹底的に調べているから、学生はマニュアルに頼ったらだめ。すぐに見抜かれます。まともな企業や役所が関心を持つのは、学生のバイト経験やサークル経験ではありません。大学で何を勉強していたかです。……ということは、わかったね？　三問目はこれに関連しています。

研究計画を書くのは、通常は大学院の修士課程に入るときです。研究テーマやその方向性が自分なりに定まっていないと、大学院側も指導のしようがありませんから。でも、本当は学部時代から、自分で研究計画を書いて、それに合わせて順番に本を読み、講義を取って、それで先生の指導を受けるということが必要です。

神学部は任意だけれども、卒業論文を提出することができますね。卒業論文というのは、大学教授の側からすると、極力、出してほしくない。理由は簡単、読むのが面倒だから（笑）。でも、提出したかぎりは先生はちゃんと読んでくれるから、卒論ゼミは登録して書いたほうがいい。自分の考えを文章にすることは、社会人になれば必ず求められます。卒論はその第一歩と考えて、練習として書くべきです。

＊遅刻は重大なペナルティ

佐藤　今回が最終回なので、受講態度についてもひと言申します。

この先、社会人になってから強く注意してほしいと同時に、外国に留学するなら絶対にしてはいけないことがある。

それは遅刻です。外国の大学では厳禁で、教室の鍵を締める大学も多いです。

それから社会人の遅刻は、決定的に信用をなくします。二、三回遅刻するだけで、常にそういう人だと思われてしまう。特に営業職なんかで、こちらからお願いしている面会に遅れでもしたら大変です。

では、もし遅刻しそうになったら、どうする？

学生　相手に連絡をする。

佐藤　事前に電話をする。必ず正直に「遅れます」と。そのときに、地下鉄が止まっているとか言い訳めいた理由を付けないことも大事です。そんな交通情報はすぐ確認できてしまうし、嘘をついたら、今度は相手に嘘つきだと思われてしまう。別に理由は言わなくても、「遅刻します。何分、遅れます」ということを、約束時間の二、三分ぐらい前までには連絡すること。何か別の用事が入って遅刻するのが数時間前にわかったのなら、その時点ですぐに電話をして、アポイントの時間を遅らせてもらうこと。遅刻しても理由も何も言わないとか、嘘をつくというのは最悪です。

＊遠藤周作『沈黙』を読む

佐藤　では、今日は遠藤周作の『沈黙』（新潮文庫）を読みます。

この小説が発表されたのは一九六六年だから、もう半世紀前のことですね。文庫本を読んだ人、感想はどうだった？　ピンときた、それともピンとこなかった？　篠田正浩監督で映画化されたけれど、ＤＶＤで見た人はいるかな？　遠藤周作自身が脚本に参加しているんだけど、私はこの映画は退屈でした。

小説のあらすじは、こうです。

――キリシタン禁制下の十七世紀の日本に、ロドリゴというポルトガル人宣教師がやってきたが、長崎奉行に捕まってしまう。彼には、自分が非常に尊敬している、神学的にもすぐれたフェレイラという神父がいたんだけど、その彼がどうも日本に来て転向してしまったらしいと伝わっている。しかし彼がキリスト教を棄教したとは考えられない。今の日本にもキリスト教徒たちがいるから、それをなんとか助けないと、ということでマカオから長崎・五島列島にやってきたんだ。

ロドリゴが捕縛されたとき、その手引きをしたのはキチジローという男で、彼もクリスチャンなんだけども、奉行の拷問に直面すると恐怖から転向したものの、そのあとまた告解をすることで神の許しを得る、ということを繰り返している。

一方、取り締まる側の途轍もなく恐ろしいキリシタン奉行に、井上筑後守というのがいる。ロドリゴにはその人間の裁きがあるというので、どんなに野蛮な男かと恐れていると、現れたのは非常に丁寧なインテリだった。しかし、その井上筑後守は、どうも噂では、かつてキリシタンだったらしい。

フェレイラが言うには、この国というのは沼地なんだ。どんなものを植えたって、根腐れしてしまう。根づかない。だから日本にキリスト教徒がたくさんいたと言ったところで、その連中は根腐れを起こして、異質な異教みたいなものになって、日本の中にまた回帰していく。お前ら宣教師たちが外からキリスト教を持ち込んでくるから、それによって混乱してしまう。ポルトガルでは、キリスト教はいいかもしれないけど、日本にはそんなのは合致しないいんだ——というわけなんだ。それで本心から転向しろとは言わないけど、形だけ転んだことにしなさい、と。

しかし、ロドリゴは嫌だと言って頑張る。このままでは自分も拷問に遭って、殺されそうだけども頑として転ばない。殉教も覚悟していたであろうある晩、牢中に鼾《いびき》のような非常にうるさい音が聞こえてくる。あの鼾はなんとかならないかと言ったら、師のフェレイラから、あれは躓じゃない、キリシタンへの拷問なんだと言われる。キリシタンの連中を穴に逆さ吊りにして、耳の後ろのところにナイフで傷をつけてある。ポトポトと血が落ちるから、それはもうものすごい苦しみだ。連中はもう転ぶと言っているんだけど、許されない。なぜか？　それはロドリゴ、おまえが転ばないから、あの連中はいくら転ぶと言ったって、許されないんだ、と。

そして、フェレイラは語りかける。牢に「讃えよ、主を」って、彫った跡があるだろう。これは私が書いたんだ。お前が今やれることは何だ。お前は自分が教会の中で、どのような評価をされるか、それだけが気になっている。しかし、現実に目の前の人間を救うためには、お前は転ぶしかないじゃないか。それが本当の愛の行為じゃないのか、と説得する。

その結果、ロドリゴは踏絵を踏むんだ。

そのあとにロドリゴのもとにキチジローが来る。自分はほんとに弱い人間なんです、それでも許してもらえるのだろうか。告解を聞いてくれ、と言う。それで告解を聞いて、とりなしの祈りをする。もう自分にはその資格はないんだけど。しかし、自分はこの国に残っている最後の司祭なんだから——という作品です。

カトリック信者である遠藤周作自身、神学的にこれでいいのだろうかと回顧したし、この作品が教会批判でプロテスタント的だという人もいる。

でも、それは全然違う。これはきわめてカトリック的世界を見事に描き出した作品なのです。

なぜかというと、キチジローが懺悔《ざんげ》するときに、それを神父にとりなしてもらわないとならなかった。プロテスタントの場合ならどうなりますか？　プロテスタントは懺悔したい場合、もちろん牧師に相談することもあるけれども、基本的には神様と自分の関係の中で、自分でお祈りをします。しかしキチジローは、自分にはお祈りをする権限がないと思っているから、直接神様にお祈りせずに、神父に頼っているのです。

要するにカトリック教会は、組織に所属した時点で、救いは確実なのです。だから自分が何かをしたら告解をする。罪には大罪と小罪があって、大罪とは神父でも絶対に許せないほどの罪。しかし小罪の場合は、お祈りをすることによって、あるいは寄進をすることによって救ってもらえる。それで罪はなくなるのです。教区の司祭にいえば、教区の司祭がその国の管区の司教にいい、今度は管区の司教がローマの枢機卿に持っていき、そこからローマ教皇に持っていく。そしてローマ教皇は天国への鍵を持っているから、イエス・キリストを通じて神様に伝えるということで、救いが確実になるのです。

そしてロドリゴは棄教という形をとりますが、いわば目には見えない普遍的なカトリック教会の一員として、ロドリゴは秘蹟を実施しているので救いの確実性がある。棄教も、イエス・キリストは許してくれる。優しいキリストであって、教会はキリストの花嫁だから、その教会というものがみんなを守ってくれるんだ——こういう構成になっているので、極めてカトリック的な世界観です。

＊プロテスタントと踏絵

佐藤　では、プロテスタントは、仮に踏絵があったら、どうなるでしょう？　踏むか、踏まないかは、自分と神様との関係において、考えればいい問題です。所詮は人間がつくった絵なんだから踏もうが何しようが、自分の信仰さえきちんと堅持できるのなら関係ない、と考えることもできます。

またプロテスタント的な考え方なら、誰かに告解を頼んだり、自分の代わりに祈ってもらうことはあり得ません。その代わりプロテスタントにおいては、救いが確実ということもないのです。その人間の能力自体が限定されているわけだから、確実ということは人間の側からは何一つ言えなくて、言えるのは神の側のみです。

ただ、われわれは救われるのは確実なんだと思っているとは言える。裏返すならば、自分の中には絶対に正しいことがある。しかし別の人には、その人の絶対に正しいことがある。

だからプロテスタントというのは、絶対的に神に帰依するがゆえに、結果として相対主義になるのです。この組み立てがわかる？　一神教というのは、その意味においては寛容です。重要なのは、神と自分の関係であって、他の人が神とどういう関係を持っているかに関しては、基本的に無関心であるがゆえに、寛容になれるのです。

エルサレムに行くと、イスラム教のモスクがあり、シーア派のモスクもある。普通のカトリックの教会も、プロテスタントの教会も、正教会もある。アルメニアの教会もあれば、ヤコブ派の教会もある。それからユダヤ教のシナゴーグがある。シナゴーグにしても、リベラル派のシナゴーグもあれば保守派のシナゴーグもある……。

このように全部が併存しているでしょ。それでも基本的にトラブルはなかったのです。トラブルが起きるのは、イスラエル建国後のことで、それは宗教的な原因ではなく、むしろナショナリズムの問題と絡んだトラブルと位置付ければいい。一神教自体がトラブルを起こしているわけではないのです。

よく日本の中では、一神教は偏狭で多神教は寛容だという大雑把な議論がありますが、あれは全くナンセンスです。ポイントは、どういう一神教か、どういう多神教かによるのです。

たとえばスリランカのテロリストは仏教徒だし、タイでもよく暴動が起きますが、これも仏教徒。日本でもオウム真理教は仏教から派生した新宗教でした。このように多神教の仏教も、きわめて暴力的で、テロも平気で行なう危険の芽は孕んでいるのです。神道は寛容で自然宗教だというのなら、戦前の朝鮮半島で神社参拝を強要した、あの神道のどこに寛容性があるのでしょうか？　それによって神社参拝しない人は投獄されたり、殺された人間もいたわけです。

だから、基本的に寛容な宗教か、非寛容な宗教かということと、一神教か多神教かということとは、全然関係のない話なのです。

＊哲学を知らずにプロテスタントは語れない

佐藤　プロテスタンティズムの場合は、選びの問題が非常に重要になることについては、前回の授業でお話ししましたね。しかし、本当に自分は選ばれているといえるのか？　それに対して明確な自信が持てないために、カルヴァン派の根っこにおいては、常に不安定性を抱えています。つまり、プロテスタンティズムの問題として、不安定さをあげることができます。プロテスタントの人たちは不安定であり、揺れがある、それゆえに動的になる。そして本質において体系化していかない。なぜなら体系ができてくると、その体系を脱構築していく流れが強いから。常にプロテスト、つまり異議を唱えていく。

その意味においては、プロテスタントが体系的な思考をしていくのは、大いなる逆説なんです。プロテスタンティズムの強みは、体系的なるものを壊していくというところにあるので、本来は動的なのです。

プロテスタンティズムは、時代と共に変化、変容していきます。それは、十九世紀ドイツの神学者、シュライエルマッハーが言っているように、常にその時代の哲学の意匠を借りながら語っていく傾向が強いことが証明されています。プロテスタント神学に通暁するためには、大学の哲学科を出ている人ぐらいの基礎知識と古典語の能力が必要とされるのです。だとすると、テレビを見ている時間やポケモンG

〇で遊んでいる時間なんてないはずです。

それに対して、カトリックの場合は、とにかく教会が第一。教会に所属していて、神父が告解を受け容れてくれて、聖餐式にあずかっていたら、救いは確実です。しかし、教会から破門されたら永久に救われません。

ちょっと脱線するけれど、教会の聖餐式でカトリック教会は基本的にワインを信者に与えないのはどうしてでしょう?

学生　うーん?

佐藤　ワインもパンも、キリストの血になり肉になるものですね。それだから、万一ワインを床にこぼすようなことがあったら、それはキリストの血を床にこぼすことと同じ。これは申し訳ないことだと、中世の信者たちが辞退します。そこからパンのみを食べる一種陪餐の形になり、ワインは神父だけが飲むようになったのです。

これに異議を唱えて、パンとワインを口にする両種陪餐を始めたのが、ボヘミアのフスでした。十五世紀のフス派の改革は、ここから始まったのです。

ちなみにカトリックからすると、プロテスタント教会の聖餐式というのは、意味が全くないと考えていますし、それは正教会も同じ理解です。

しかしロシア正教会は信者にワインを与えます。ロシア人に酒を飲ませないなんて考えられない（笑）。しかし、ワインを飲ませると、カトリックが恐れたように、こぼれることもありますが、その時はどうすると思う？　ワインがこぼれた床板を乾かして切り取り、それを焼いて灰にして、キリストの遺灰と称して聖遺物にして売っているのです（笑）。こぼしたらこぼしたで、商売のやり方があるなんて、ロシア正教会もよく考えたものですね。

一方、プロテスタントの改革派は聖餐式をどうとらえているか。ものすごくわかりやすいのが十六世紀スイスのツヴィングリの考え方です。

パンが肉体に変わるはずもないし、ワインが血に変わるはずもない。ワインはワインで、パンはパン。それはキリストのことを思い出すための象徴であり、それ以上でも、それ以下でもない、というものです。聖餐式がキリストを思い出すための場であるならば、どの会派の人が参加してもいい。もっといえば、洗礼を受けていなくても、本人が信仰を持っていると思っているならば参加して構わない、と解釈の幅を広げています。実際、救世軍やユニテリアン、あるいはクウェーカーの信者たちは洗礼や聖餐式自体をやりません。イエスは救いであるという考え方さえ同じならば、みな受け容れればよいという考えです。

その点でカルヴァン派では、聖餐式を単なる象徴とは考えていません。信仰のある人が口にすることによって、キリストの血となり、信者の中に肉体化していくとする考え方なのです。だから平たく言うと、信仰がないのにパンを食べたり、ワインを飲んだりしたら、腹を壊すからやめたほうがいい、ということです。だからカルヴァン派では、洗礼を受けていない人が聖餐にあずかることは基本的に認めません。

ここでは聖餐の話だけにとどめますが、この洗礼論は救済の問題と強く結びつく、神学的に大きなテーマなのです。

＊マルコ・ポーロはなぜ来日しなかったのか

佐藤　では、『沈黙』の中でポイントになる部分をみんなで読んでいきましょう。捕らえられたロドリゴに対して、問答のなかで奉行所の役人が述べた部分です。

学生　〈「パードレの宗旨、そのものの正邪をあげつろうておるのではない。エスパニヤの国、ホルトガル国、その他諸々《もろもろ》の国には、パードレの宗旨はたしかに正とすべきであろうが、我々が切支丹を禁制にしたのは重々、勘考の結果、その教えが

今の日本国には無益《むやく》と思うたからである」〉（遠藤周作『沈黙』新潮文庫、170頁）

佐藤　これはその通りだと私は思います。なぜフランシスコ・ザビエルは日本に来たのかと考えてほしいのです。キリスト教が伝来する以前の一四九四年に、トルデシリャス条約が結ばれます。この条約は地球上に一本の線を引き、世界を大航海時代の覇権国家であるポルトガルとスペインで二分するというものです。その結果、日本はポルトガル領の一番端におかれます。マルコ・ポーロの『東方見聞録』では、ジパング島は、黄金にあふれていて、黄金で家の屋根が葺《ふ》かれていて、大変豊かな国だと描かれています。

それならば、大商人であるマルコ・ポーロ自身は、なぜ日本に渡らなかったのでしょうか？

その理由は、『東方見聞録』を読み進めるとわかります。ジパング島では、誘拐ビジネスが横行している。身代金を払わない場合は、大きな釜を持ってきて人質を茹《ゆ》でて、親族を集めてみんなで食う習慣がある。そして、このジパング島の野蛮人は、人間の肉より旨《うま》いものはないと考えている、恐ろしい異教徒である――こう書いているのです。マルコ・ポーロはその話を聞いて、おそらく怖かったのでしょう。日本に行けば儲かるかもしれないけど、食われるのは嫌だったのです。

しかし、フランシスコ・ザビエルは、食われてもいいと思って、日本にやって来ました。さて、なぜか?

イエズス会だからです。

マルティン・ルターによって宗教改革が行なわれたのは一五一七年、来年(二〇一七年)でちょうど五百年です。ちなみにこの「宗教改革」という用語はプロテスタント固有の言葉であって、カトリックは「信仰分裂」と言います。カトリックからすれば、プロテスタントはカトリックから離脱した分離派という位置づけです。この頃は、教会の腐敗がそうとう深刻な状態でした。

改革運動はその約百年前にも、ボヘミアのフスが本格的に始めています。宗教改革という観点に立てば、実は十五世紀のボヘミアの宗教改革を第一次、ルターたちの宗教改革を第二次と位置づけて、この二つは連続性が強いと考えることができますし、私も同意見です。ルター自身も、フスの改革に倣《なら》っていることを何度も言っています。

フスが目指そうとした改革の一つは、聖職者と信徒の区別を撤廃することでした。それまでは、ミサでは神父がラテン語でお祈りを唱え、聖書もラテン語しかなく、聖餐式でもワインを飲むのは神父だけでしたね。これに異を唱えて、チェコ語での説教を行ない、聖書もチェコ語へ翻訳し、聖餐も信徒へ平等に与えるようにしたのです。

　また、前回「マタイによる福音書」で見たように、キリスト教徒の中には「毒麦」が混じっている可能性があります。この「毒麦」と一緒であるという批判を、フスはカレル大学神学部などの教会に対して行ないました。当時はローマ教皇が三人もいて、なかでも最も影響力をもっていたヨハネス二十三世は、もともとシチリアの海賊で、教皇のポストを金で買ったような男です。そんな教会が果たして健全なのだろうかと批判したのです。

　これに対して、ローマ教皇側は一四一四年にコンスタンツ公会議を開きます。フスはここへ呼ばれて自らの主張の正統性を訴えたのですが、結局受け容れられず、裁判にかけられ火炙りに処されてしまったのです。

　これを契機に、フス派の不満が高まってフス戦争が始まりますが、この流れの余波として、ルターによる宗教改革が出てきます。

　これに危機感をおぼえたカトリックは、一五四五年にトリエント公会議を召集して腐敗の一掃を打ち出しましたが、これに前後して呼応するように誕生したのが、軍隊式組織の修道会としてのイエズス会でした。徹底した禁欲と軍事訓練を繰り返し、チェコやハンガリーなどプロテスタントになっていた国へ十字軍を仕掛けると同時に、重視したのが宣教活動だったのです。

その一環として、イエズス会は日本にやってきます。イエズス会の狙いは、日本の植民地化でした。来日当初、時の為政者、織田信長はキリスト教の布教を認めましたが、それはイエズス会の真の狙いを見抜けなかったということです。しかし、その後の豊臣秀吉や徳川家康はその危険性に気がついた。舶来の様々な文物を持ち込んでくるのも、これは強力な軍隊を背景に、カトリシズムという普遍主義が世界全部を一つに統合していこうとする運動だとみなしたのです。それゆえに、この危険な宗教を日本から排除するためにキリシタン禁制を定め、鎖国政策を敷いたのです。

蛇足ですが、この鎖国という言葉には要注意です。出島を通じてオランダとの交易があったことはよく知られていますが、その他にも外交チャンネルは開かれていました。当時の日本は、松前口を通じて樺太や東シベリアと交易をしています。また対馬口を通じて朝鮮半島と、さらには琉球を通じて清国と交易を行なっていました。当時の日本として、必要かつ十分な国際関係は全部、維持していたのです。

キリスト教といっても、プロテスタンティズムとカトリシズムは違います。そして、キリシタン禁制を決めた江戸幕府を非難することは簡単です。

しかし重要なのは、あの時になぜ日本はカトリシズムを禁制にする必要があったのかということなのです。それはイエズス会問題に他ならないのです。

これは余談ですが、イエズス会系の学校の一つに、上智大学があります。われわれ同志社と比べるとわかりますが、同じ神学部とはいえカリキュラムは相当違います。それは教派の違いだけではなく、同志社のように受講科目を自由に選べるのとは異なり、受講科目や教科書が非常に細かく定められています。このように、自動車教習所よろしくマニュアル教育が徹底しているのがイエズス会の特徴です。この受動的で徹底したマニュアル教育は、自由に発想したり、能動的に学ぶことができなくなる恐れがあるので要注意ですね。

イエズス会が世界中に学校をつくっていることは、カトリック教会がイエズス会を通じての世界制覇を諦めていないことの証です。現在のローマ教皇フランシスコは初のイエズス会出身の教皇ですし、カトリックも攻勢を掛けてきているのです。

カトリック的な歴史観について少し長めに話しました。これにプロテスタントとしてのわれわれがどこまで付き合うかは別の問題です。そして、『沈黙』が文学作品としてすぐれていることと、それを神学的にどう読むかというのも、また全然別な話です。

はい、先に行きましょう。

＊類型としてのキリスト教

学生　〈「正というものは、我々の考えでは、普遍なのです」司祭はその老人のほうにやっと微笑をかえしながら、「さきほど、お役人衆は、我が苦労にいたわりの言葉を下さいました。万里の波濤《はとう》をこえ、長い歳月かかって、御国に参ったことに暖かい慰めを下さった。だがしかし、もし正が普遍でないという気持があれば、どうしてこの苦しみに多くの宣教師たちが耐えられたでしょう。正はいかなる国、いかなる時代にも通ずるものだから正と申します。ポルトガルで正しい教えはまた、日本国にも正しいのでなければ正とは申せません」〉（同１７０〜１７１頁）

佐藤　これは現代社会を覆いつくしているグローバリゼーションの考え方そのものですね。ロドリゴがいう「ポルトガルで正しい教えはまた、日本国にも正しい」という言葉は、ポルトガルをアメリカに置き換えれば、日々われわれが接する国際報道の構造と、まったく同じです。

しかし、このロドリゴの言葉に井上筑後守は、何と答えるのか？　敢然とノーを突きつけます。続けて読んでみましょう。

学生　〈「パードレたちは悉く同じことを言う。だが」別の侍の言葉を通辞はゆっくり訳した。「ある土地では稔《みの》る樹も、土地が変れば枯れることがある。切支丹とよぶ樹は異国においては、葉も茂り花も咲こうが、我が日本国では葉は萎《な》え、つぼみ一つつけまい。土の違い、水の違いをパードレは考えたことはあるまい」〉（同171頁）

佐藤　ここは重要なポイントです。

要するに、純粋なキリスト教、万国に通用するキリスト教などはない、という問題提起がなされています。たとえば、パレスチナに現われたキリスト教は、ユダヤの風土の中で育まれたので、ユダヤ類型である。ヘレニズム世界に受容されていったキリスト教は、ギリシャ類型。さらにローマに広がったキリスト教はラテン類型。それがゲルマン民族の中に入った場合はゲルマン類型……。このように、キリスト教というのは「類型」としてしか捉えられない、という指摘です。そして、その類型同士の間には、歴史的な順に優劣はない、というのです。一つの文明、文化の中で受け容れられることで一つの類型を構成するのである、という考え方を井上筑後守は言っているのですね。

この問題を真剣に考えたのが、同志社が生んだ傑出した神学者である魚木忠一先生です。

日本においても、日本類型のキリスト教をつくらなければならないということを『日本基督教の精神的伝統』（基督教思想叢書刊行会、一九四一年）で主張しています。この『日本基督教の精神的伝統』こそが、おそらく同志社神学の最高到達点でしょう。つまり魚木先生の主張と、『沈黙』で井上筑後守が言っていることは、裏表の関係にあるわけです。

普遍的なキリスト教や、欧米渡来のキリスト教は、日本には絶対に土着化できません。だからこそ、日本には日本のキリスト教が必要で、それは先行する他のキリスト教と比べて、権利的に同格であるはずです。そして、もし日本への土着化ができないのであれば、キリスト教そのものが本物になったとは言えないのではないか。これは私が尊敬しているチェコの神学者、ヨゼフ・ルクル・フロマートカや、フス、ルターにも共通する考え方です。

プロテスタンティズムにおいて、この「土着化」は、決定的に重要なキーワードなのです。

＊「ユダの接吻をすることなかれ」

佐藤　先に行きましょう。転向したキチジローによる哀願の声を耳にしたロドリゴが牢の中で煩悶するところです。

学生　〈だが、この言葉こそ昔から聖書を読むたびに彼の心に納得できぬものとしてひっかかっていた。この言葉だけではなくあの人の人生におけるユダの役割というものが、彼には本当のところよくわからなかった。なぜあの人は自分をやがては裏切る男を弟子のうちに加えられていたのだろう。ユダの本意を知り尽していて、どうして長い間知らぬ顔をされていたのか。まるでそれではユダはあの人の十字架のための操り人形のようなものではないか。〉（同256頁）

佐藤　キチジローの姿とユダとを重ね合わせているくだりです。そこで、聖書のなかのユダを見てみます。「マタイによる福音書」が物語的には一番まとまっているので、そこを読んでください。

学生　〈さて、イエスがベタニアで重い皮膚病の人シモンの家におられたとき、一人の女が、極めて高価な香油の入った石膏の壺を持って近寄り、食事の席に着いておられるイエスの頭に香油を注ぎかけた。弟子たちはこれを見て、憤慨して言った。「なぜ、こんな無駄遣いをするのか。高く売って、貧しい人々に施すことができたのに。」イエスはこれを知って言われた。「なぜ、この人を困らせるのか。わたしに良いことをしてくれたのだ。貧しい人々はいつもあなたがたと一緒にいるが、わたしはいつも一緒にいるわけではない。この人はわたしの体に香油を注いで、わたしを葬る準備をしてくれた。はっきり言っておく。世界中どこでも、この福音が宣べ伝えられる所では、この人のしたことも記念として語り伝えられるだろう。」そのとき、十二人の一人で、イスカリオテのユダという者が、祭司長たちのところへ行き、「あの男をあなたたちに引き渡せば、幾らくれますか」と言った。そこで、彼らは銀貨三十枚を支払うことにした。そのときから、ユダはイエスを引き渡そうと、良い機会をねらっていた。〉（「マタイによる福音書」26章6－16）

佐藤　このイスカリオテのユダは、十二人いる使徒の一人で、会計係です。ユダは明らかに、キリストがこの世で奇蹟を起こすことを期待しています。革命を起こし、世の中の秩序を変えて、神の国を興すことを真剣に考えている。それだから、俗説としていわれるような単純な裏切り者ではありません。イエスを一つの窮地に追い込むことによって、状況を逆転させることを目論んでいるのです。

そして、イエスが弟子たちとゲッセマネへ赴いたときのことです。イエスが弟子たちに「人の子は罪人たちの手に引き渡される。立て、行こう。見よ、わたしを裏切る者が来た」（同26章45－46）と告げた続きを読んでください。

学生　〈イエスがまだ話しておられると、十二人の一人であるユダがやって来た。祭司長たちや民の長老たちの遣わした大勢の群衆も、剣《つるぎ》や棒を持って一緒に来た。イエスを裏切ろうとしていたユダは、「わたしが接吻するのが、その人だ。それを捕まえろ」と、前もって合図を決めていた。ユダはすぐイエスに近寄り、「先生、こんばんは」と言って接吻した。〉（同26章47－49）

佐藤　弟子たちがイエスに対して「先生」と呼ぶことはありません。その点で、「先生」とユダが呼んでいること自体がまず怪しい。そして頬にキスをする。誰がイエスかの合図だから、捕まえてくれと示し合わせをしているわけです。

正教会では、よく「ユダの接吻をすることなかれ」と言います。妙に親しげに近づいてくる相手は警戒しないといけない、ということです。

だから聖書でここを勉強したあとで、学生から「先生」とか呼びかけられると、教師は緊張するものです。コイツは裏切るんだな、と（笑）。

そのユダの最期も、続けて読んでおきます。

学生　〈そのころ、イエスを裏切ったユダは、イエスに有罪の判決が下ったのを知って後悔し、銀貨三十枚を祭司長たちや長老たちに返そうとして、「わたしは罪のない人の血を売り渡し、罪を犯しました」と言った。しかし彼らは、「我々の知ったことではない。お前の問題だ」と言った。そこで、ユダは銀貨を神殿に投げ込んで立ち去り、首をつって死んだ。〉（同27章3－5）

＊『沈黙』はなぜハリウッド映画になったのか

佐藤　ユダについて読んできましたが、同じくだりでペトロについては、どう書かれているかも読んでおきます。

学生　〈そのとき、イエスは弟子たちに言われた。「今夜、あなたがたは皆わたしにつまずく。

『わたしは羊飼いを打つ。
すると、羊の群れは散ってしまう』

と書いてあるからだ。しかし、わたしは復活した後《のち》、あなたがたより先にガリラヤへ行く。」するとペトロが、「たとえ、みんながあなたにつまずいても、わたしは決してつまずきません」と言った。イエスは言われた。「はっきり言っておく。あなたは今夜、鶏が鳴く前に、三度わたしのことを知らないと言うだろう。」ペトロは、「たとえ、御一緒に死なねばならなくなっても、あなたのことを知らないなどとは決して申しません」と言った。弟子たちも皆、同じように言った。〉（同26章31－35）

佐藤　このようにペトロは、調子がいい存在ですが、「マタイによる福音書」のこのあたりを読むと、やっぱりイエスはペトロに対して一番温かい。一番弟子であることは間違いないけれども、弱い人です。弱い人であるがゆえに、初代の教皇になれたのでしょう。

そして、ユダの裏切りによってとらえられたイエスが、大祭司の屋敷に連れていかれたところのくだりです。

学生　〈ペトロは外にいて中庭に座っていた。そこへ一人の女中が近寄って来て、「あなたもガリラヤのイエスと一緒にいた」と言った。ペトロは皆の前でそれを打ち消して、「何のことを言っているのか、わたしには分からない」と言った。ペトロが門の方に行くと、ほかの女中が彼に目を留め、居合わせた人々に、「この人はナザレのイエスと一緒にいました」と言った。そこで、ペトロは再び、「そんな人は知らない」と誓って打ち消した。しばらくして、そこにいた人々が近寄って来てペトロに言った。「確かに、お前もあの連中の仲間だ。言葉遣いでそれが分かる。」そのとき、ペトロは呪いの言葉さえ口にしながら、「そんな人は知らない」と誓い始めた。〉（同26章69－74）

佐藤　ここではっきりとわかりますね。ペトロは、悪い男ではないけれど、相当臆病です。ガリラヤ訛りで喋るから、イエスの仲間だとすぐにバレてしまうのに、聖書にも残せないようなひどい呪いの言葉を吐いて、イエスなど知らないと言うのです。

学生　〈するとすぐ、鶏が鳴いた。ペトロは、「鶏が鳴く前に、あなたは三度わたしを知らないと言うだろう」と言われたイエスの言葉を思い出した。そして外に出て、激しく泣いた。〉（同26章74－75）

佐藤　この弱いペトロという部分に、遠藤周作が惹かれていることはよくわかりますね。

文学作品を読んでいるときに、聖書を出典とする部分があったら、聖書にある程度明るい人に聞く習慣をつけると勉強になります。そして、ついでにその聖書のくだりを読んでしまうこと。そうすると、なるほどこういう文脈の中で出てきているのか、と理解することができます。

日本文学がなかなか欧米で翻訳されない、そして翻訳されてもなかなかで、この『沈黙』が受け容れられたのには、バックグラウンドとして聖書の知識があるからです。マーティン・スコセッシ監督作品としてこんどハリウッド映画になるのも、その理由からです。

では『沈黙』に戻ります。捕らえられ、拷問されている日本人キリシタンの現実にふれたロドリゴが牢で煩悶するくだりです。

学生　〈主よ、あなたは今こそ沈黙を破るべきだ。もう黙っていてはいけぬ。あなたが正であり、善きものであり、愛の存在であることを証明し、あなたが厳としていることを、この地上と人間たちに明示するためにも何かを言わねばいけない。〉

（新潮文庫、262〜263頁）

佐藤　このロドリゴの発想は、どこかで読みましたね？　そう、ユダと一緒です。キリストに、なんらかの超越した力を発揮してもらって、この地上の秩序を変えるという思考ですね。ユダがイエスをそういう状況に追い込もうとして、敢えてイエスを十字架に追い込んでいく。その構成と同じです。だから今、ロドリゴは大変な誘惑に取りつかれているのです。つづけましょう。

学生　〈「祈ったとも。わしは祈りつづけた。だが、祈りもあの男たちの苦痛を和らげはしまい。あの男たちの耳のうしろには小さな穴があけられている。その穴と鼻と口から血が少しずつ流れだしてくる。その苦しみをわしは自分の体で味わったから知っておる。祈りはその苦しみを和らげはしない」

司祭は憶えていた。西勝寺で始めて会ったフェレイラの耳のうしろにひきつった火傷《やけど》の痕《あと》のような傷口があったことをはっきり憶えていた。その傷口の褐色の色まで今、まぶたの裏に甦《よみがえ》ってきた。その影像を追い払うように、彼は壁に頭を打ちつづけた。

「あの人たちは、地上の苦しみの代りに永遠の悦《よろこ》びをえるでしょう」〉（同264頁）

＊パウロ的なる逆説

佐藤　ここは宗教の本質にかかわるところです。宗教には二種類ある。ひとつは彼岸、つまり「あの世」に救済を求めていく宗教。もう一つは此岸、すなわち「この世」の救済を重視していく宗教ですね。

キリスト教の特徴は此岸性を重視しています。なぜなら、彼岸に救済を求めるのならば、神が人になる必要はありません。神が人になる必要があるのは此岸の問題であって、その際には徹底的に人間的な論理が働くのです。

神が世界をつくった、という言い方をよくしますね。では、世界ができる前には神様はどこにいたことになるのでしょう。だから神が世界をつくったという概念は間違っているのではないか、というのが今の創造論の主流になっています。

そうすると、此岸においては、神と直接関係しないので、ありとあらゆる悪があることになる。その此岸の問題は、徹底的に人間的な論理で解決しないといけない。だからものすごく単純に考えれば、逆さ吊りにされているキリシタンを助けることができるのなら、転んで棄教すればいい。それによって、具体的な人間を助けて、目の前にある問題を回避できるのならば構わない、というのがキリスト教的な答えなのです。

その点を、来世における救いのために、今世では苦しみを得ればいいと合理化することこそ、まさに宗教。イエスが説いた教えや神の啓示とは違うところで、人間がつくり上げた宗教なのです。そこに自縄自縛になってしまったために、現実から遊離した解になってしまった。この問題を考えるときに重視すべきは、新約聖書の次のくだりです。

学生　〈人は皆、上に立つ権威に従うべきです。神に由来しない権威はなく、今ある権威はすべて神によって立てられたものだからです。従って、権威に逆らう者は、神の定めに背くことになり、背く者は自分の身に裁きを招くでしょう。実際、支配者は、善を行う者にはそうではないが、悪を行う者には恐ろしい存在です。あなたは権威者を恐れないことを願っている。それなら、善を行いなさい。そうすれば、権威者からほめられるでしょう。権威者は、あなたに善を行わせるために、神に仕える者なのです。しかし、もし悪を行えば、恐れなければなりません。権威者はいたずらに剣を帯びているのではなく、神に仕える者として、悪を行う者に怒りをもって報いるのです。だから、怒りを逃れるためだけでなく、良心のためにも、これに従うべきです。あなたがたが貢を納めているのもそのためです。権威者は神に仕える者であり、そのことに励んでいるのです。すべての人々に対して自分の義務を果たしなさい。貢を納めるべき人には貢を納め、税を納めるべき人には税を納め、恐るべき人は恐れ、敬うべき人は敬いなさい。〉（「ローマの信徒への手紙」13章1－7）

佐藤　これは、支配者には従順に従えとする、世間的には評判の悪いパウロの指令の一つです。

しかし、これはパウロ的な大いなる逆説というべきものではないでしょうか。現世の権威のような事柄を巡って精力を注いで戦うのはバカバカしいので、税金として払ってしまえばいい。敬うべきものは敬っておけばいい。われわれが考える救済や神の国の位相は、この表面的な事柄とは、全然、別のところにあるのだから。それゆえに、この世の秩序とは、ケース・バイ・ケースで対応すればよいという、非常に柔軟な発想になるのです。これは必ずしも保守主義ではなくて、むしろ権威をバカにしているのです。

では、ふたたび『沈黙』に戻ろう。

学生　〈自分は今、自分の生涯の中で最も美しいと思ってきたもの、最も聖《きよ》らかと信じたもの、最も人間の理想と夢にみたされたものを踏む。この足の痛み。その時、踏むがいいと銅版のあの人は司祭にむかって言った。踏むがいい。お前の足の痛さをこの私が一番よく知っている。踏むがいい。私はお前たちに踏まれるため、この世に生れ、お前たちの痛さを分つため十字架を背負ったのだ。

こうして司祭が踏絵に足をかけた時、朝が来た。鶏が遠くで鳴いた。〉（新潮文庫、268頁）

佐藤　福音書を背景にして読むと、ロドリゴの悩みのくだりは、考え抜かれて非常によく構成されていると感心します。これと同じような倫理的な決断をする場面は、ロドリゴのような棄教者だけでなく、われわれの人生の中でも巡り合うかもしれません。

＊キリスト教徒としての鈴木宗男事件

佐藤　私自身の半生においても、こうした局面がありました。いわゆる鈴木宗男事件の渦中に巻き込まれたときです。

私は外交官として北方領土問題に懸命に取り組んできました。しかし田中真紀子さんが大臣として外務省に乗り込んできて以降、省内は大混乱に陥り、様々な抗争や思惑が錯綜したあげく、私は逮捕されてしまいます。そのプロセスで私はいろんな局面に出くわしましたが、非常に印象に残ったのは、当時の外務省の人事課長だった齋木昭隆さんに呼ばれた時のことです。

私は齋木人事課長から「今回の問題に関して、省として一応、あなたを処分しなければならない。減俸二〇パーセント、一カ月という処分を受けてほしい。しかし、これはおかしい処分だと、自分でも思っている」と言われた。齋木さん自身も私以上に重い処分を受けています。「田中大臣を外務省から追い出したのは、国益になります。鈴木宗男批判というのはとにかく異常な嵐だ。外務省があれだけお世話になったのに、こういう解決以外の解決法はなかったんだろうか」というようなことを私に言うのです。

ただ私はもう潮時だと考えていたので、「外務省を辞めようと思っています」と言ったところ、齋木さんは「絶対辞めるな」と切り返してきたのです。「あなたが活躍するときはあるし、僕はあなたのことをレスペクトしている」と。レスペクト（尊敬）なんていう言葉が出てくるとは思いもよりませんでしたが、私はそのあと、こういうことを言ったんです。

「私は最後まで鈴木さんと一緒にいようと思うんですよ。なぜかというと、鈴木さんのそばにいた人が、一人またひとりと、今、裏切っていっている。これによって鈴木さんは非常に傷ついている。私までが離れていくことになったら、鈴木さんだって人間だから、それはカッとすると思う。そして、あの人は外交について知りすぎている。特に北方領土問題について、知りすぎている。彼が知っていることを、カッとして全部、外に喋ったら、持っている文書を外に出したら、どうなると思いますか」

齋木さんとは、「そのときは日本外交は終わりになる」「そうでしょ。だから私は最後まで一緒にいようと思うんですよ」「わかった。本当に有難い。しかし僕らはもうきみを守れないよ」「それはいいです。腹は括っています」「それは本当に恩に着るよ」

――こういうやり取りがありました。

その後、私は逮捕、起訴されました。その際に外務省の人事課長には私を聴聞する必要がありました。手続き上、懲戒免職にする前には、事情聴取しないといけません。でもその時、私は面会を拒否しました。そんな法務省の監視がいるところで、外交機密の話などできないという建前はともかく、別の理由がありました。この時点で私が事情聴取に応じたら、そこでの聴取内容を基にして、外務省は私を懲戒免職にして切り捨てると思ったからでした。聴聞をせずに免職されたら、地位保全の訴訟をやろうと思っていましたが、結局外務省は、私を最後までクビにはしなかったのです。

ただ、この時、齋木さんが私のところに来る直前に、私の母親に電話していたのです。今日、息子さんに会いにいくんだけど、お母さんから何か言づけないですか、と。その後私は齋木さんとの面会を拒絶したのですが、その晩、母親のところに、再び電話をかけてくれた。息子さんとはお会いできなかったんだけど、弁護士さんと会ってきました。元気にしているようです。今はほんとにおかしいことが起きています。お母さん、息子さんのことを信じて、しっかりと守ってあげてくださいい
——こう言ったそうです。

齋木さん自身は、私にはそんな恩着せがましいことは、一切何も言わなかった。私は五百十二日間入っていた檻から出てしばらく経ってから、母親から、そういえば齋木さんという人から電話がかかってきたと聞いて、知ったことです。こういう人も外務省の中にはいると初めて知りました。

私は逮捕されたとき、自分の部下たちに、とにかくこの本を読んでくれ、そうしたら私の考えていることはわかってもらえる——そう言って、読んでもらったのがこの『沈黙』だったのです。

今日は私自身のことをお話ししましたが、ロドリゴやフェレイラの選択というのは、これから皆さんも、人生のいろんな局面であると思う。ただ、繰り返しますが、鈴木宗男バッシングの嵐の中において、私は自分の考えを通し抜いて、それはそれで良かったと思っています。もし、あの大きな流れに迎合して、鈴木宗男さんを無実の罪に陥れることになっていたら、私はその後も外務省の中で生き残れたかもし

れません。外務省にはそういう趣旨の調書を書いた人間は大勢いましたから。

しかし仮に外務省の中で生き残れたとしても、「佐藤はやっぱりそういうやつなんだ」「いざとなったら人を裏切るやつなんだ」とレッテルを貼られて、外務省組織の片隅に追いやられて、六十三歳の定年までただ飼い殺しだったに違いありません。

だから、あの時の私の選択は、あれで良かったと思っています。それは最終的には個人個人の選択になってくるのです。

＊「神学者」佐藤優はこうして生まれた

佐藤　長丁場の講義も、残りわずかです。最後は私自身のことについて、少し語りたいと思うのです。

人間というのは、いくつもの切り口から語ることができます。先ほど少し話したのは、外交官としての私の姿ですね。あるいは、今日、この教室にいるように、大学の先生としての私について話すこともできます。

ただ、今日はみんな、神学部の後輩でしょ。だからやっぱり神学者の端くれとしての私の話をしたいと思います。

これは今まで書いたこともないし、話したこともないと思うんですね。

一九六〇年一月十八日生まれ。生まれは東京だけども育ちはずっと埼玉県で、十八歳まで埼玉にいました。高校は埼玉県立浦和高校という田舎の男子校です。そこから一年浪人して同志社大学の神学部に入学しました。神学部での専攻は組織神学で、指導教授は緒方純雄先生とクラウス・シュペネマン先生。卒業論文は「ヨゼフ・ルクル・フロマートカ研究　『破滅と復活』を中心に」でした。修士論文は「現代東ヨーロッパにおけるプロテスタント神学の展開についての一考察　ヨゼフ・ルクル・フロマートカの共産主義観」。最初は「現代東ヨーロッパにおける弁証法神学の展開についての一考察」として書いたのですが、弁証法神学で説明するのは妥当でないということで、逆にプロテスタント神学という一般的な概念を使ったものです。

私自身のキリスト教とのかかわりを言うと、私自身知らなかったのですが、母親はクリスチャンでした。

私の母親は沖縄の本島から西に一〇〇キロ行ったところの久米島出身です。そこは医者も看護師も一人もいない離島でした。母親が子どものときに小児麻痺が流行《はや》り、たくさんの人が死んだけれど、母親もかかってしまい、人差し指と薬指に麻痺が残りました。当時の女性のキャリアとして、沖縄の田舎の島だと農家の奥さんになるしかありません。手に障害があると農作業や水汲みに堪えられないから結婚できないのではないか、と親が心配したそうです。

たまたま成績が良かったから、沖縄本島にある昭和高等女学校に一九四三年に入学します。もう太平洋戦争が始まっていました。一九四四年十月十日に沖縄近海に来た米軍の航空母艦によって、那覇と首里が空襲で焼かれます。そのため、学校からの指令で、女学校の三年生、四年生は学徒隊に参加しろ、一年生、二年生は親元に帰れと言われるのですが、もう船が焼けて一隻も残っていない。野垂れ死に寸前のところでしたが、母親の姉二人が那覇にいて、一番上の姉が陸軍第六十二師団、通称石部隊の軍医司令部にいたのです。妹の窮状を話したところ、同情する人がいて、母親は十四歳のときに軍の辞令を受けて軍属、つまり下士官の扱いで給料を貰いながら沖縄戦に参加します。だから沖縄の普通の住民や、学徒隊に入った人たちに比べると、私の母親の沖縄戦観は日本軍寄りです。

母親が所属した第六十二師団、石部隊は最前線で戦って、前田高地の戦いで四分の三が戦死してしまいます。幸い母親は生き残ることができて、首里に渡ります。

そして南部の摩文仁《まぶに》に下がって徹底抗戦の準備をするときに、筏《いかだ》を作って北部の山岳地帯に逃げ出して徹底抗戦しろという命令を受けると同時に、手榴弾を二つ渡されます。

何かあったときには自決しろということですね。両方とも不発だったらどうするのかと母親は下士官に聞いたところ、そのときは舌を噛んで死ね、と言われたのでやってみたけど、痛くて噛めそうもないと思ったそうです。

＊あの一秒が生死を分けた

佐藤　摩文仁にいたときに、姉の一人が被弾して、別れ別れになってしまう。後にその姉はアメリカ軍の病院に収容されて、アメリカ軍がビスケットをやろうとしてもペッと吐き出したりして反抗的だったたから、結局、安楽死という形で殺されてしまいます。これは沖縄ではよくある話です。

摩文仁では十七人で天然壕に入ります。民間人は女性二人だけで、残り十五人は軍人。外に出てもし米軍に見つかった場合は、自決するか別の場所に行くと約束をしていました。摩文仁の浜では死体の腹がメタンガスで膨れて猛烈な臭いがする。

アメリカ軍が三秒から五秒おきに照明弾を撃つから夜中でもずっと明るかったようです。この摩文仁に、どのくらいの期間いたか、母親は覚えていません。ある日、井戸に水を汲みに行くと、下士官が二人いて母親に話しかけてきたそうです。「われわれは第三十二軍の牛島司令官と長参謀長の当番兵だ。これから自決するからと、壕を追い出された。だからもう戦争は終わるぞ」と。史実に照らしてみると、それが六月二十二日のはずなんですね。

その後、どれぐらい摩文仁にいたかわからない。母親の記憶だと二、三週間のようですが、あるとき日本兵の一人が用足しに壕を出て、米兵に見つかってしまった。しかし、その兵は自決せずに、壕に戻ってきてしまった。アメリカ兵は二人いて、一人が自動小銃を持ってブルブル震えています。壕の中には十五挺《ちょう》の三八式歩兵銃が並んでいて、暗いところにあってよく見えないから、いつ撃ってくるかわからない、その恐怖で震えているのです。そういうときは恐怖心からアメリカ兵が自動小銃をぶっ放して全員死んでしまうことがよくあるのですが、横にハワイから来た語学兵がいて、下手な日本語で「出てきなさい」と言う。

母親は、手榴弾の安全ピンを抜いた。それを壁に打ち付ければ三秒から五秒で爆発する。そうしたらそこの十七人が全員死ぬ。

ところが、母親はそのとき、一秒ちょっとぐらいだったと言うのですが、逡巡したそうです。その瞬間にすぐ隣にいたアヤネという名前の北海道出身の伍長が――この人は山部隊という別の部隊所属だったんだけど――両手を上げて、母親のほうに向き、「死ぬのは捕虜になってからでもできる、ここは捕虜になろう」というのです。それで母親は九死に一生を得ます。だから僕は、あんたが悪い子になったら、あのときに手榴弾が爆発したと思えば私は死んでいるんだから、あんたを殺して私も死ぬ、なんてよく脅されました。考えてみると、母にとっては残りの人生は余生だったのでしょう。

その後、久米島に帰った。そこで戦争中、この島での海軍部隊による住民虐殺を知る。その中には八月十五日の終戦以後に殺された人たちもいます。特に母の実家のそばに住んでいた朝鮮人一家は子どもまでも火にくべられたり、ひどい様相です。

本島では自分を守ってくれた日本軍が、久米島ではこんなことをしていたので、母は混乱してしまいました。それで残りの人生は看護師になって離島の無医村みたいなところで暮らそうと思い、那覇の看護学校に入るのです。そのときに私の父親と知り合って、日本本土に出てくることになります。

沖縄戦のとき、日本兵が母親を爆弾からかばって覆いかぶさってくれたとか、東京外事専門学校、今の東京外国語大学出身の語学兵が耳打ちして、「アメリカ軍は絶対に女子どもは殺さないから捕虜になれ、手を上げろ」と言ってくれたとか、石部隊の大尉が「われわれ軍人は戦うけれど、あなたは生き残れ」と言ってくれたという思い出がなければ、母親は絶対に日本人とは結婚しなかったし、私が日本国家に仕える外交官になるのにも反対したはずですね。

戦争で精神の空白があったから、実は看護学校のときにキリスト教の洗礼を受けていたのです。しかしその話は、私は自分が洗礼を受けるまでは一度も聞いたことがありませんでした。ただ私は子どものときからずっと、教会には母親に連れて行かれていました。その習慣もあって、中学・高校のときは教会に通っていました。

多感な高校生のとき、一つにはマルクス主義に触れます。また浦和一女という女子高に二歳年上のガールフレンドがいて、彼女は日本基督教団の大宮教会の信者でした。彼女が大学に入ると、高校生と付き合っているのはカッコ悪いしさ、ということで振られてしまいます。不愉快でしたね。関東の大学にいると、その彼女とどこかですれ違うかもしれない。だから何としても関東の大学には行きたくないし、キリスト教も俺を振った女が惚れている宗教だから絶対に気に食わない、叩き潰さないといけないという少年らしい思いがあったのも事実です。

そんなことを話していたら、自分の行っていた教会の先輩が、無神論をやりたいのなら、おそらく受け入れてくれる神学部は一つしかないね、同志社の神学部だけだよ。あそこはほんとに滅茶苦茶だから面白いと思うよ、と勧めてくれたのです。

＊同志社との出会い

佐藤　受験日は一九七九年二月十四日、バレンタインデーでした。すごい雪が降っていました。その年は受験生が多くて、神学館だけでは収容しきれませんでした。僕の受験番号は二百十四番だったと思います。当時は募集が四十人。受験会場はクラーク館の二階で、大きなガスストーブがありました。その部屋の受験生の中に紫野高校出身のすごく綺麗な、当然だけど上手な京都弁を使う女性がいたことを覚えています。こんな綺麗な人がいるんなら、この大学に来てもいいなと思ったものです。彼女は神学部には入ってきませんでした。その教室で受かったのは私だけだったのです。

面接の先生は樋口和彦先生でした。

「高校はどこですか」

「浦和高校です」

「進学校ですね。なんで同志社に来るんですか」

「無神論の勉強をしてみたいと思うんです」

「ああ、ニーチェですね」

「ニーチェではなく、マルクスかフォイエルバッハをやりたいんです」

「フォイエルバッハだったら論文を書いている人が何人もいて、うちは資料は相当揃っていますよ」

それから、神学書では何を読みましたかと聞かれた。みんなに試験で出したニーバーを、僕は高校のときに倫理社会の時間に読まされたことがありました。私は高校であまりに真面目に勉強しないものだから、倫理社会の先生が心配して、難しい英語のテキストでカチンと頭を叩いたほうがいいと思ったのでしょう。

「ニーバーの『光の子と闇の子』を読みました」

「ニーバーですか。竹中正夫先生（同志社大学教授）って、聞いたことあります？知りませんか。ニーバーの教えを受けていますけど、彼の場合はニーバーの弟のリチャード・ニーバーの影響が強いですね。ニーバーに関してもうちは本が揃っています。試験のほうはどうでしたか」

「なんとかなると思います」

「じゃあ、もういいです」

それで、扉を開けて廊下に出ようとしたとき、先生に呼び止められました。

「ちょっと待って。他の大学に受かっても、是非うちに来てください」

そう樋口先生に言われたことは、やっぱり私が同志社に来るきっかけになりました。水が合わなければ一カ月ぐらいで辞めて、もう一回受験し直そうと思ったのですが、入ってみたら合いすぎるぐらい水が合ったのです。

ちょうど今から三十七年前、一回生の夏は、毎日大学の図書館に通いました。開館日は月水金の週三日、それも午後三時までしかやっていませんでした。それで三時まではそこにいて、本をたくさん借り出して、「わびすけ」という、今はもう閉じてしまった喫茶店に行って本を読んだ。一所懸命、自分の道筋を探していました。

まずニーバーを読んでいましたが、第二次世界大戦後の『アメリカ史の皮肉』を読んで、この人はあんまり深く考えていないと思った。次にボンヘッファーを読みましたが、断片的すぎて、いま一つピンときませんでした。

＊受洗、そしてフロマートカ

佐藤　カール・バルトに触れたのもこの頃でした。私が今まで考えていた宗教批判における神様というものは、あるいはマルクス主義における神様というのは、キリスト教の考えている神様とは全然違うものだと、ものすごく理解できたものです。

　むしろキリスト教のほうでの宗教批判は、マルクス主義とか、フォイエルバッハなんかの宗教批判よりは、ずうっと深い。それから人間への洞察力というのは、ずうっと優れているということがあって、無神論とかマルクス主義とか言っていたのは、完全に間違えていたということがわかり、私は降参したのです。その降参の証拠に、その年のクリスマス礼拝で私は洗礼を受けました。キリスト教徒になってから私の信仰は、一度も揺らいだことがありません。

　大学二回生のとき、野本真也先生との雑談のなかで、「あなたはロマトカを読んだことがありますか」と尋ねられました。「いいえ」と答えたら、「キリスト教とマルクス主義の関係であれば、この人のものを読んでみるのが一番いいんじゃないかな」と、ボソッと先生が言ったのです。名前の初めにHがつくんで、読み方はフロマートカなのですが、なぜか当時は誰もがロマトカと呼んでいました。

それで、その本を読んでみました。神学部の図書館に今でもフロマートカの本はあるはずですが、全部、私が何度も長期貸し出しをした記録が残っているはずです。読んだら、これだ、という感じを覚えました。それで二回生の夏休みの間中、ドイツ語の辞書を引き引き、彼の主著である『Das Evangelium auf dem Wege zum Menschen』、『人間への途上にある福音』という本を読んでいました。そしてやはりこれなんだ、という思いをますます募らせていきます。

彼の考え方は何かというと、一つは、フィールドはこの世界であるということです。キリスト教とは、教会とは、いわば作戦司令部みたいなところで、日常的な生活の中がわれわれのフィールドである、と。それから、われわれはキリスト教について、もう全部知っているから宣教活動をやめよう、と。宣教をした場合に、そのミッションの活動は必ず植民地主義と結びつく。特に欧米のキリスト教徒は、アジアやアフリカへの宣教をやめよう、と。アジアやアフリカの人たちが自発的にキリスト教について何か聞きたいとか、神学校で勉強したいとノックをしてきたときには協力をするけれども、こちらからキリスト教を押し付けるということは、有難迷惑であるとともに、知らないうちに文化帝国主義を押し付けることになる――こういうふうに言うわけ。それから、信仰のある者は常に前を見るとも言うのです。面白い人だな、という感触がより強くなっていきました。

フロマートカの履歴を調べてみると、一八八九年に当時のオーストリア・ハンガリー帝国で生まれていますが、その後はチェコ民族独立運動の中心になっていきます。

フロマートカは非常に優秀な人で、一九一八年にチェコスロヴァキア共和国ができるとまだ三十歳くらいの若さでしたが、マサリク大統領の取り巻きの一人になります。その当時から神学校の校長をやって、教会政治でも強い影響力がありましたが、しだいに教会政治に嫌気がさして後退していき、古代教会史の研究などに傾注していきます。

しかし、一九三〇年代にスペイン市民戦争が起きますね。チェコのカトリックたちは、みんな「フランコ頑張れ」という感じが大勢を占めていきます。チェコという国は、すごく反共的な国なのです。

その中でフロマートカはスペイン救援委員会をつくります。そしてみんな驚いたのですが、社会民主党や共産党との共闘を始めるのです。それで、「スペインに今起きていることは、座視してはならない。ファシズムとナチズムは、やがて必ずチェコに来る。今からこのファシズム、ナチズムを阻止する流れと連帯しておかないと、われわれの足元に来る」と。はたして、それは現実のものとなりました。

一九三八年のミュンヘン協定で、チェコの代表も入れないところでイギリスとフランスがナチス・ドイツに譲歩して、チェコのズデーテン地方をドイツに割譲してしまいます。そのときに、プラハのフロマートカ教授宛てとして公開書簡を出したのが、カール・バルトでした。

今、ヒトラーの目に呑まれて、ヨーロッパは震え上がっている。平和のためだと言って、不必要な妥協をしている。これに対しては武器を取って、戦え。特にあなたたちはフス派の子孫だ。今のヨーロッパの中にも男の中の男はまだ残っていることを示せ――こう、非常にマッチョな内容の書簡です。

これはフロマートカの了承も得ずに公開されたため、フロマートカはゲシュタポに追われ、スイス経由でアメリカに亡命することになりました。プリンストン大学神学部の教授として、弁証法神学やドストエフスキーなどの、文学とキリスト教の関係について、教鞭をとることになったのです。

＊プラハの春へ

佐藤　第二次世界大戦は連合国が勝利しましたね。誰もがみんな、フロマートカはプリンストン神学校に残ると思っていました。ちょうどユニオン神学校にはドイツからパウル・ティリッヒが亡命していましたが、彼は大戦後もアメリカに残ったのです。

しかし、フロマートカ自身はチェコに帰国しました。三回ぐらいの短期帰国を繰り返すのですが、そのときに彼はすごい衝撃を受けたのです。

彼は絶対平和主義者ではありません。ナチスに対しては、力で抵抗しないといけないと考えていました。ナチスのチェコ統治者のハイドリヒ暗殺は、ロンドンのチェコ亡命政権がやったため、その報復として二千五百人ものチェコ人が殺されてしまいます。フロマートカはそういう暗殺を支援し、その抵抗運動の中心だったはずなのですが、チェコスロヴァキアに入ると、みな彼へ非常に冷たい対応を見せたのです。「結局お前は苦難を共有しなかっただろう」と。自らは亡命者で、バルコニーの上から歴史を見ていたに過ぎないんだということを、フロマートカは自覚して、もう二度とそういうことはしないという形で、共産化したチェコにあえて帰国する道を選んだのです。

そのあとフロマートカの音信は途絶えます。彼は共産主義に同調する神学者、赤い神学者として、つねに西側では排斥されつづけました。ニーバーやブルンナーなどは、赤い神学者だから世界教会協議会から追放しろとまで非難したほどです。

しかしフロマートカはスターリン死後から、マルクス主義者とキリスト教徒の間で、人間とは何かという対話をすれば、絶対にマルクス主義者も変るはずだと信じて、対話を始めていたのです。最初、チェコの共産主義者たちは恐る恐るという感じでやっていましたが、しだいにそれがチェコスロヴァキアで主流になってきます。一九六八年の「プラハの春」「人間の顔をした社会主義」には、そのフロマートカたちの考え方が強い影響を与えているのです。

ところがこれは、ワルシャワ条約機構軍の戦車によって弾圧されてしまいます。そのときにフロマートカはソ連大使に対して、抗議状を公開書簡として叩きつけ、それによって東側では政治犯になってしまうのでした。「憲章77」とか、ソ連に抵抗する運動の中心にいた人たちにも、フロマートカの弟子が多くいたものです。そしてフロマートカは一九六九年十二月にプラハで最期を迎えたのです。

＊外務省専門職員として

佐藤　フロマートカに関しては、同志社神学部には一九六九年一月までの資料は残っていました。「エキュメニカル・インフォメーション・フロム・チェコスロヴァキア」という藁半紙に刷った冊子はあるのですが、それ以後ピタッと情報がなくなる。そして、「モスクワ総主教」という小冊子の一九六九年十二月号に、フロマートカが死んだという六行ぐらいの記事が唐突に出てきたのでした。

いったい何があったのか、情報がないので全然わからない。そうしたら知りたくなるのが人の性《さが》です。調べてみると、彼の文献の七割はチェコ語で書かれていることがわかり、チェコ語を勉強しないとならないけど、チェコ語の辞書というのは、チェコ・ロシア語辞典、チェコ・ドイツ語辞典ぐらいしかありません。チェコ・ロシア語辞典がしっかりしているから、ロシア語をやらないといけないと思い、ロシア語の勉強を少し始めました。

そうなると、どうしてもチェコに留学したくなるものです。コメンスキー神学校に手紙を書いたり、カリフという出版社にも手紙を書いたけど返事が来ない。今考えると、検閲で引っ掛かって届かなかったのでしょうね。

いろいろ調べていたら、外務省の専門職員試験に合格すればチェコに行くことが出来る、しかも給与と在外研修手当を併せると月に四〇万円ぐらい支給されることを知りました。試験科目は憲法と国際法と経済学、それに時事論文、英語、一般教養です。これなら一年か一年半、準備すればきっと受かるだろうと思って一所懸命頑張って、試験に受かったのです。

外務省からはチェコ語の専門だと内示を受けていました。私はこれだけチェコの研究をしていますという申告を外務省人事課に提出してありましたが、そうしたら人事課はおそらく、この男はすぐに辞めて学者になるつもりだな、と思ったのでしょう。三月の外務省の説明会に行くと、突然「きみはロシア語をやってくれ」と言われたのです。予想だにしなかったことに頭が真っ白になったのですが、モスクワとプラハは近いから同じようなものだろうと思って外務省に入ったら、ソ連の崩壊に立ち会ったり、北方領土交渉に巻き込まれたりすることになったのは、皆さんももうご存知ですね。

外務省時代には、モスクワ駐在をはじめてから、チェコにもしょっちゅう行くようになり、ヨゼフ・スモリック先生とミラン・オポチェンスキーと知り合って、この二人から私は強い影響を受けました。ヨゼフ・スモリック先生は、プラハのコメンスキー神学校、その後プラハのカレル大学のプロテスタント神学部の実践神学の教授です。ミラン・オポチェンスキーは、コメンスキー神学校の組織神学の教授で、そのあとはカレル大学のやはり組織神学の教授で、世界改革教会連盟のトップである総幹事を務めた人です。フロマートカの『人間への途上にある福音』は実は口述筆記で、ミラン・オポチェンスキーが協力した著作なので、彼は事実上の共著者なのでした。

一九六九年十二月二十六日にフロマートカは亡くなりますが、その死の二日前、二十四日のクリスマスイブに、フロマートカの弟子であるヤロスラフ・オンドラが来たときに、彼はこう言ったそうです。

「オンドラ君、私にはもう一日しかこの世の生は残されていない。最期に一つだけ君に命じておきたいことがある。私の遺言と思って聞いてほしい。私はこれまで君に対して一度も命令したことはなかった。ただし今回は命令である。亡命してはならない。このソ連当局による『正常化』の状況が続くならば、君には個人的にきわめて困難な事態が生ずるであろう。コメンスキー神学校の教授職から追放されるかもしれないし、あるいは投獄されるかもしれない。しかしいかなる困難があろうとも西側に亡命してはならない。私たちは祖国にとどまることによって、すなわち民衆と苦難を共有することにおいてのみ、イエス・キリストの真実を証《あか》しすることができるのである」

これはオンドラから僕が直接聞いたエピソードですが、だから彼は忠実にチェコに留まりつづけたのです。西側にはヤン・ミリチ・ロッホマンというフロマートカの弟子もいましたが、この人はバーゼルに亡命してカール・バルトの後任になりました。ロッホマンはヴォイス・オブ・アメリカやCIAなんかとも連携しながら、外側からチェコの自由化運動とかをやりましたが、オポチェンスキーやスモリックはこれとは一線を画し、他方、体制に迎合するキリスト者平和会議とも仕事はしないのです。

＊生きている神学

佐藤　だからこの二人は普通の著作活動ができません。外国で書くことはできるんだけど、外国で書くと、今度はそれによって国外追放になる可能性がありました。そのため、国内だけに流通する、ある種の本をつくったのでした。

チェコスロヴァキアの社会主義体制にとってキリスト教は迷信です。しかし迷信を信じている遅れた人たちに妥協するということで、恩恵的に神学部用のテキストとして、ガリ版刷りで五十部から百部だけ印刷が認められていました。オポチェンスキー、スモリックらは、そういう本だけを出して、毎年五十人ばかりの牧師の卵たちを牧師にしていく教育だけにずっとエネルギーを傾けつづけたのです。彼らが外部との接触を持てるようになったのは、一九八〇年代後半になって、ゴルバチョフのペレストロイカが始まるのを待つばかりというころでした。ちょうどそのときに、私は二人と知り合ったのです。

もしゴルバチョフが出てこなければ、彼らはチェコの中だけで、自分たちの教会を維持していくことのためだけに、一生を費やしたと思います。日本ではほとんど知られていないけど、この人たちにはものすごい能力があるのです。

特にフロマートカが仮に、戦後にアメリカやスイスに亡命して神学的な作業を続けていたならば、教義学や倫理学の本をたくさん書いて、それが神学のベーシックなものになっていたと思います。ところが、それは叶わなかったのが現実です。フィールドはこの世界であるから、そこの中で現実に、今、自分のそばにいる人たちのために、何をやることができるかということが重要だったのです。

カール・バルトの考えでは、神の前で人間が、いかに罪深いものであるか自己批判するということが、重要な課題になります。ところが、それよりももう一歩、フロマートカは進んで考えた。その神の前で人間が自己批判するには、それを実践しないといけないわけでしょう、といったのですね。

受けるよりは与えるほうが幸いであるという、イエスが言っていた（とパウロが言っている）こと。それは何かというと、神の栄光のために、自己批判して、神のために尽くすということ、具体的には隣人のために尽くすことです。だからキリスト教徒であるということは、他の宗教を信じている人、もしくは宗教を信じていない人よりも、人間の存在をよりリアルに認識することができるし、また社会をリアルに認識することができます。そしてあくまでも社会の具体的な出来事の中に参与していく。政治的な参与もあれば、社会福祉的なこともあるし、教会の運営もありますが、それは人の置かれている状況によって違ってくる。そういうような感じの神学になるわけですね。なおかつ、われわれの倫理的な選択としては、二つの道があるときに、より困難な道を選択する。客観的に見て誤解を招いても構わない。それが正しい生き方で、そこでは必ず神の声が聞こえて来るというような、フロマートカは結構、不思議なことを言う人なんです。

私はそのフロマートカの影響を非常に強く受けています。それだから、最初は外務省で仕事をしたあと、四十歳ぐらいの頃には、どこかアカデミズムに転出しようかなと考えていたこともありました。だけど、フロマートカ神学を自分なりに勉強していくと、その選択はやっぱり違うということに気付かされたのです。いま与えられている仕事をやらないといけない、と。私は外交官という仕事は、好きな仕事ではありませんでしたが、きっと適性はあったと思います。さらには、外交官の中でも情報を扱う仕事をやっていましたが、これも好きな仕事ではありませんでした。しかし、比較的適性はあったので、やはりその仕事はやらないといけないと思ったものです。

だからフロマートカの神学と、私自身の生き方は、微妙に絡み合っているのですね。このようにして、生きている神学に、私は関心があるのです。

＊「巡回司祭」としてのメッセージ

佐藤　ではこれで、全体で四回の講義が終わりになります。おそらく多くの皆さんとはもう永久にお別れだと思いますが、それはそれでいいのです。私の機能は、巡回司祭のようなものです。巡回司祭とは、ふだん教会で顔を合わせない分、気安くいろんな悩みを聞いてくれるので、信者たちもみんな巡回司祭とは会いたがるものです。

しかし巡回司祭よりも重要なのは、教区司祭です。教区司祭というのは、神学部では神学教育に責任を負っている専任の先生たちです。この人たちは日常的に皆さんのケアをしないといけません。大学の先生というのは、大学から給料を貰っている以上、学生の質問には全部、答えないといけない義務がある。それは給料の中に質問に答えることが含まれているから。ときにとんでもない質問が学生から来ても、それに対しては答える努力をしないといけないのです。

もし私が巡回司祭でなく教区司祭、つまり専任教員でしたら、講義ももう少し厳しくやったかもしれません。それから、中途半端な問題提起的な講義ではなくて、もう少し丁寧に皆さんの手を取って、最終的には論文を書くところまで指導したと思いますが、それは残念ながら私の機能ではありません。

ときどき、神学部の学生から、論文指導をしてほしいとか、そのオリエンテーションをしてほしいという申し入れや問い合わせを受けますが、全部、断わっています。それは神学部の中の教育機能だからです。外の人間には手を突っ込んでいい範囲と、手を突っ込んだらいけないところがある。論文指導は、これは私がやったらいけないことだと自分で決めている。外からできることは、あくまでも刺激を与えることなのです。

では皆さん、お疲れさまでした。

本書は文庫オリジナル作品です

DTP制作　エヴリ・シンク

写真　鈴木七絵

文春文庫

悪魔《あくま》の勉強術《べんきょうじゅつ》
年収一千万稼《ねんしゅういっせんまんかせ》ぐ大人《おとな》になるために

定価はカバーに
表示してあります

2017年3月10日　第1刷

著　者　佐藤《さとう》　優《まさる》
発行者　飯窪成幸
発行所　株式会社　文藝春秋

東京都千代田区紀尾井町 3-23　〒102-8008
ＴＥＬ　03・3265・1211
文藝春秋ホームページ　http://www.bunshun.co.jp

落丁、乱丁本は、お手数ですが小社製作部宛お送り下さい。送料小社負担でお取替致します。

印刷・凸版印刷　製本・加藤製本
Printed in Japan
ISBN978-4-16-790818-8

（　）内は解説者。品切の節はご容赦下さい。

今井　彰
プロジェクトX リーダーたちの言葉
戦後日本のエポックメイキングな出来事の舞台裏にはどんな人がいたのか？　数々の障害は、どんな秘策で乗り越えられたのか？　リーダーたちの珠玉の名言と感動的ストーリー。
い-54-1

池井戸　潤・櫻沢　健
「半沢直樹」で経済がわかる！
裁量臨店、不渡り、信用格付……経済・金融用語を理解すると驚くほど社会の仕組みがわかる。「半沢直樹」のあの名場面に隠された意味とは!?　半沢ワールドを二度楽しめる本。
い-64-51

犬山紙子
地雷手帖
嫌われ女子50の秘密
職場の人間関係から、合コンやデートに女子会、SNSの地雷ポイントまで50のシチュエーション別に徹底解説。〝負け美女研究家〟が教える人間関係の落とし穴。（松尾スズキ）
い-92-1

内田　樹《たつる》
子どもは判ってくれない
正しい意見を言ったからといって、人は聞いてくれるわけじゃない。大切なのは、「その言葉が聞き手に届いて、そこから何かが始まる」こと。そんな大人の対話法と思考を伝授！（橋本　治）
う-19-1

内田　樹
私の身体は頭がいい
身体の判断は誤らない——武道家でありレヴィナス研究者である著者が放つ最強の身体知。危機管理法から胆力の付け方まで、よりよく生きるための武術的思考法を伝授！（平尾　剛）
う-19-2

大前研一
私はこうして発想する
世界的経営コンサルタントとして、常に独創的なビジネスアイデアを生み出し続けてきた大前研一が、誰もが知りたい〝大前流発想のメソッド〟を余すところなく伝授する！（伊藤泰史）
お-35-2

佐藤　優
交渉術
酒、性欲、カネ、地位——人間の欲望を分析し、交渉の技法を磨け。インテリジェンスのプロが明かす外交回顧録にして、ビジネスマンの実用書。「東日本大震災と交渉術」を増補。
さ-52-2

（　）内は解説者。品切の節はご容赦下さい。

佐々木 亮
不動産裏物語
プロが明かすカモにならない鉄則
買うべきか、買わざるべきか。「不動産は一生に一度の買い物」と信じる人ほどバカを見る。凄腕営業マンが明かす、絶対に損をしないためのテクニックとディープな業界裏話が満載。
さ-65-1

ちきりん
未来の働き方を考えよう
人生は二回、生きられる
先の見えない定年延長が囁かれる中ホントに20代で選んだ仕事を70代まで続けるの？　月間200万PVを誇る人気ブロガーが説く「人生を2回生きる」働き方。（柳川範之）
ち-7-1

丹羽宇一郎
人は仕事で磨かれる
清廉・異能・決断力……四千億円の不良資産を一括処理、翌年には伊藤忠商事史上最高益（当時）を計上して世間を瞠目させた経営トップが、その経営理念のすべてをここに明かした！
に-15-2

丹羽宇一郎
成功の秘訣は——頭より心　ド根性だ！
成功に必要なものは「親から受け継いだDNAが点灯するまで、ひたすら努力をすること」と著者は言う。経営者が若きビジネスマンに伝授する講演を収録。経営の秘術を全公開。
に-15-3

丹羽宇一郎
中国で考えた２０５０年の日本と中国
北京烈日　決定版
習近平独裁体制が確立され、二〇四九年の建国百年に向け、政治経済両面で着々と布石を打つ中国。少子高齢化社会を迎える日本はいかに隣国と向き合うべきか。元中国大使の直言。
に-15-5

畑村洋太郎
決定版　失敗学の法則
回転ドア事故、不良債権、リコール隠し……。失敗はなぜ起こり、失敗をどう活かすか。全社会人必須のノウハウ「失敗学」を法則化した、畑村流・実践的ビジネス書の決定版。（柳田邦男）
は-28-1

草間俊介・畑村洋太郎
東大で教えた社会人学
人生のリスクをどう仮想演習して最適なプランを設計するか？　働く意味から人生設計に必要なお金の知識まで、目から鱗の実社会の暗黙知を伝授。東大工学部の大人気講義が一冊に！
は-28-4

（　）内は解説者。品切の節はご容赦下さい。

水野敬也
「美女と野獣」の野獣になる方法
百七十万部ベストセラー『夢をかなえるゾウ』の著者が体験から生み出した「必ず女性にもてる恋愛理論満載の実践書」。クリスマスを彼女と過ごす必勝法を伝授する袋とじ付録付き！

み-35-2

藤沢武夫
経営に終わりはない
戦後、町工場から世界的優良企業へと飛躍した本田技研。本田宗一郎との二人三脚で「ホンダ」を育てあげた名経営者・藤沢武夫が初めて明かす自らの半生と経営理念。ビジネスマンの必読書。

ふ-15-1

荒井千暁《ちあき》
こんな上司が部下を追いつめる
産業医のファイルから
激増しているビジネスマンの過労死・過労自殺。その元凶は、仕事の能率を下げ、雰囲気を悪くする上司だ。現役の産業医が指摘する職場環境を悪化させる上司の姿とは？　（渋井哲也）
経-2-1

川島蓉子
資生堂ブランド
「ツバキ」「マキアージュ」などメガブランド戦略で成功を収めた資生堂。その要因をブランド分析の第一人者が徹底取材し、企業ブランドの高め方、太く・強いブランドの作り方を研究。

経-8-2

岩瀬大輔
金融資本主義を超えて
僕のハーバードMBA留学記
ハーバード経営大学院を成績上位5％で卒業した著者が、留学中の世界のビジネスエリート達との交友を通じ、金融資本主義の支配者層がなにを考え、どう行動するのかをリアルに分析。
経-9-1

英『エコノミスト』編集部（東江一紀・峯村利哉　訳）
2050年の世界
英『エコノミスト』誌は予測する
バブルは再来するか、エイズは克服できるか、SNSの爆発的な発展の行方は……グローバルエリート必読の「エコノミスト」誌が、20のジャンルで人類の未来を予測！　（船橋洋一）
エ-9-1

シーナ・アイエンガー（櫻井祐子　訳）
選択の科学
コロンビア大学ビジネススクール特別講義
社長は平社員よりなぜ長生きなのか。その秘密は自己裁量権にあった。二十年以上の実験と研究で選択の力を証明。NHK白熱教室で話題になった盲目の女性教授の研究。　（養老孟司）
S-13-1

（　）内は解説者。品切の節はご容赦下さい。

吉沢久子・岸本葉子
ひとりの老後は大丈夫？
健康、お金、孤独。どれだけ準備しても不安が尽きない一人暮らしの老後について、達人二人が語りつくす。食事メニューから公的制度、便利グッズまで具体的アドバイス満載。

き-18-12

桐野夏生
対論集　発火点
セックスしてもカッコ悪くならない女。誰とも深い関係を作らない女。生き延びるためなら何でもする女――。桐野文学に描かれた女性像から現代の男女のあり方を考察した異色の対論集。

き-19-15

佐藤　優・中村うさぎ
聖書を語る
共に同志社大学出身、キリスト教徒の二人が「聖書」をベースに宗教・哲学・社会問題を縦横無尽に語りつくす異色の対談集。はたして伝統宗教は震災後の日本を救えるのか!?

さ-52-4

佐藤　優・中村うさぎ
聖書を読む
天地創造、アダムとエバの創世記からキリスト教を確立したパウロを描く使徒言行録、世界の終わりを預言するヨハネの黙示録まで。キリスト教徒の二人が共に読み、語った聖書対談。

さ-52-6

司馬遼太郎・陳　舜臣
対談　中国を考える
古来、日本はこの大国と密接な関係を保ってきた。「近くて遠い国」中国をどのようにとらえるべきか、我が国のとるべき立場を歴史の大家が論じつくした中国論、日本論。（山内昌之）
し-1-137

司馬遼太郎
日本人を考える
司馬遼太郎対談集
梅棹忠夫、梅原猛、陳舜臣、富士正晴、桑原武夫、山口瞳、今西錦司ほか各界識者と司馬が語り合う諸問題は、21世紀になっても続いている。貴重な示唆に富んだ対談集。（岡崎満義）
し-1-138

産経新聞社
新聞記者　司馬遼太郎
「生まれ変わっても新聞記者になりたい」。そう語っていた司馬遼太郎は、どんな取材をし、記事を書いていたのか。司馬文学の遥かな〝原郷〟をさぐる一冊。記者時代のコラムも収録。

し-1-251

（　）内は解説者。品切の節はご容赦下さい。

和田　宏
余談ばっかり
司馬遼太郎作品の周辺から

もと司馬さん担当として30年間名作誕生の現場に寄り添った著者が綴る、司馬さんの人間力、意外な弱点エピソード、ユーモラスかつ鮮やかな文章が絶品の歴史コラム集。（山本朋史）

し-1-252

澁澤龍彥
快楽主義の哲学

人生に目的などありはしない。信ずべきは曖昧な幸福にあらず、ただ具体的な快楽のみ……。時を隔ててますます新しい、澁澤龍彥の煽動的人生論。三島由紀夫絶賛の幻の書。（浅羽通明）

し-21-2

関川夏央
「坂の上の雲」と日本人

秋山兄弟と正岡子規を軸に明治日本の「青春」を描いた不滅の国民文学に込められた真のメッセージとは？　斬新な視点と平易な語り口で司馬文学の核心に迫る傑作評論。（内田　樹）

せ-3-12

千住真理子・千住文子
千住家、母娘の往復書簡
母のがん、心臓病を乗り越えて

厳しい芸術の世界を共に歩んできた母娘は、母の末期がんをきっかけに、残された時間の中で語り尽くしたいと思った。魂の協奏曲とも言うべき34通の往復書簡。（千住　博・千住　明）

せ-9-2

土屋賢二
ツチヤ教授の哲学ゼミ
もしもソクラテスに口説かれたら

「顔も性格も嫌いですが、あなたを愛しています」と言われたら、どう思う？　ツチヤ教授が問いかけたとたん、女子大生達の容赦ない突っ込みが火を噴いた。白熱のゼミ中継！（飯田　隆）

つ-11-15

土屋賢二
あたらしい哲学入門
なぜ人間は八本足か？

「人生は無意味か」から「夢の中の裸の看護婦さんが、なぜ看護婦だとわかるのか」まで、哲学ではどのように解決するのか？　予備知識不用、実践するためのまったく新しい哲学入門！

つ-11-20

ナンシー関　リリー・フランキー
小さなスナック

そこを訪れればいつでも二人に会える。リリー&ナンシーが、絶妙な立ち位置から繰り出す、脈絡のない話題の数々。ポジティブ世代に贈る妄想と諦念の荒野。二人の最初で最後の対談集。

な-36-10

（　）内は解説者。品切の節はご容赦下さい。

中島義道
観念的生活
一年半の生と思索のなかで、唯一無比と言える哲学者は、時間論を発展させ、死を徹底的に考え抜き、このうえなき高き領域にまで達する。肉体と観念の奏でる美しき軌跡。（永井　均）
な-54-2

半藤一利
指揮官と参謀
コンビの研究
陸海軍の統率者と補佐役の組み合わせ十三例の功罪を分析し、個人に重きを置く英雄史観から離れて、現代の組織における真のリーダーシップ像を探り、新しい経営者の条件を洗い出す。
は-8-2

平川克美
株式会社という病
企業不祥事の原因は経営者にあるのではなく、株式会社というシステムそのものにある。欲望という病を抱えた「株式会社」の成立から限界まで、その本質を思考した画期的な書。（湯浅　誠）
ひ-24-1

藤原正彦
決定版　この国のけじめ
『国家の品格』の骨格ともなった痛快な時事評論から教育論、爆笑を誘う妻や友人との身辺雑記まで、ユーモア溢れる藤原節で暗い世相も気分も吹っ飛ぶこと間違いなし！（斎藤兆史）
ふ-26-1

藤原正彦
名著講義
時に人生相談、時に激論、時に脱線し爆笑しつつ、名著（「武士道」「忘れられた日本人」等）を読み解く。感涙&白熱の「文藝春秋読者賞」受賞の藤原読書ゼミ・師弟問答を全公開！（岸本葉子）
ふ-26-3

丸谷才一
思考のレッスン
いい考えはどうすれば浮かぶのか？　「ひいきの学者を作れ」「文章は最後のマルまで考えて書け」……。究極の読書法、文章の極意、発想のコツを伝授する画期的講義。（鹿島　茂）
ま-2-16

町山智浩
キャプテン・アメリカはなぜ死んだか
超大国の悪夢と夢
コミックのヒーローの死に政治状況が反映され、宗教が科学を否定する……。巨大国家アメリカの「おかしな」面を、カルチャーや政治経済を通して語る刺激的コラム集。（樋口毅宏）
ま-28-1